7 SEMANAS EN POS DE LA GLORIA

UN PROCESO DE RESTAURACIÓN
BASADO EN LA VIDA DE JESÚS

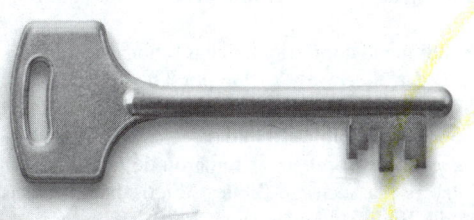

JOSÉ VÍCTOR DUGAND, LARRY Y ELISA PACHECO

Publicado por
Editorial Unilit
Miami, FL 33172, USA
Derechos reservados.

Primera edición 2009

© 2008 por José Víctor Dugand, Larry Pacheco y Elisa Pacheco
Todos los derechos reservados.

Edición: Nancy Pineda
Diseño de la portada: Ximena Urra
Fotografías de los autores: Joel Hernández
Ilustraciones y fotografías de interior y portada: Mikhail, Mitar Vidakovic,
Zanka Ksash, Tatiana Popova, Lou Oates, Lora Liu, Mitar Vidakovic,
Robert Spriggs, Valentin Agapov, Maugli, Rob Pitman, Laurent Renault.
Used under license from Shutterstock. com

A menos que se indique lo contrario, las citas bíblicas se tomaron de la Santa
Biblia, *La Biblia de Las Américas*. © 1986 por The Lockman Foundation.
Las citas bíblicas señaladas con BLS se tomaron de la *Biblia en Lenguaje Sencillo*.
© 2000 por las Sociedades Bíblicas Unidas.
Las citas bíblicas señaladas con DHH se tomaron de *Dios Habla Hoy*, la Biblia
en Versión Popular por la Sociedad Bíblica Americana, Nueva York.
Texto © Sociedades Bíblicas Unidas 1966, 1970, 1979.
El texto bíblico señalado con RV-60 ha sido tomado de la versión Reina Valera
© 1960 Sociedades Bíblicas en América Latina; © renovado 1988 Sociedades
Bíblicas Unidas
Usadas con permiso.

En el texto aparecen palabras marcadas con asteriscos a fin de que busque su
significado en el glosario de términos que se encuentra en la página 202.

Producto 495722
ISBN 0-7899-1763-7
ISBN 978-0-7899-1763-8

Impreso en Colombia
Printed in Colombia

Categoría: Vida cristiana /Crecimiento espiritual /Formación espiritual
Category: Christian Living /Spiritual Growth /Spiritual Formation

A Jesús:

El único Protagonista de este libro.
El autor y consumador de nuestra fe. El único
que es digno de recibir el poder, las riquezas,
la sabiduría, la fortaleza, el honor, la gloria
y la alabanza por su sacrificio en la cruz.

Cercano está el SEÑOR.

a los quebrantados de corazón,

y salva a los abatidos de espíritu.

Muchas son las aflicciones del

justo pero de todas ellas

lo libra el SEÑOR.

SALMO 34:18-19

CONTENIDO

PRIMERA PARTE
EL MODELO DE JESÚS Y MI RESPONSABILIDAD

SEGUNDA PARTE
MI DIARIO EN POS DE LA GLORIA

AGRADECIMIENTOS

A Dios Padre que nos inquietó ante la necesidad de los hermanos en aflicción y nos dio la revelación para la elaboración de este Proceso.

A nuestros compañeros de ministerio en Ekklesia Global en Miami, que nos apoyaron y alentaron a lo largo de la realización de este Proceso.

A todas las personas que de muchas formas han respaldado este Proceso con oración, estímulo y aliento.

A todos los que movieron nuestro corazón: A los creyentes, y a los no creyentes aún, que también son objeto del amor del Padre celestial en su necesidad de restauración. A todos ellos les expresamos nuestro agradecimiento pues para ellos es este Proceso.

PREFACIO

El martes 27 de enero de 2008, después de la oración de la mañana en nuestra congregación, nos reunimos en una conocida cafetería en las cercanías de nuestra iglesia en Miami, Florida.

Existía una frustración en nuestro corazón con respecto a la eficacia de la consejería pastoral y el Espíritu nos había inquietado con una forma diferente de enfocar los procesos de sanación* y restauración*. Por algún tiempo, habíamos comentado acerca de esas inquietudes de manera informal, sin saber lo que Dios quería enseñarnos.

Sin embargo, ese era el día. En cuanto llegamos a la cafetería, y mientras disfrutábamos de nuestro desayuno, el Espíritu se derramó y vino un torrente de revelación* como nunca antes y literalmente se iluminó aquel lugar. Dios se glorificó y puso claridad en nuestros corazones y en un instante delineamos las esferas y el contenido de este proceso* que hoy les presentamos.

A medida que analizábamos los problemas de los que acuden a consejería, meditamos sobre esta realidad: Los creyentes saben que Jesús murió en la cruz por sus pecados y recibieron su salvación* por fe. Sin embargo, la mayoría no goza de las bendiciones que el Padre les da por los méritos de la muerte de su Hijo. Hemos podido notar que hay un desconocimiento del alcance de la obra redentora de Jesús que ha impedido que se manifieste la plenitud de la salvación. Los hijos de Dios saben que son salvos *por gracia* por medio de la fe*, de modo que están seguros de que van a ir al cielo cuando mueran. Sin embargo, no conocen que por gracia* por medio de la fe, en el sacrificio de Cristo, también hay sanidad para el corazón herido.

El castigo, por nuestra paz, cayó sobre Él, y por sus heridas hemos sido sanados.

ISAÍAS 53:5

La imagen que ha perdurado en el creyente, ayudada por la cultura del mundo y las tradiciones religiosas, es la de un Cristo crucificado, que con su sacrificio nos dio la esperanza que al morir y partir de este mundo, tendríamos victoria. ¿Por qué no puede pensar en una vida plena en esta tierra, en gozo y en victoria, sin tener que esperar a morir e ir al cielo? Desde ahora, usted puede traer la vida gloriosa del cielo a la tierra, y disfrutar así la salvación* del alma sin esperas ni demoras.

La Biblia dice que el apóstol Juan fue confinado en una isla llamada Patmos, que se caracterizaba por ser un lugar de aflicción y desolación:

Me encontraba en la isla llamada *Patmos,* a causa de la palabra de Dios y del testimonio de Jesús.

APOCALIPSIS 1:9, énfasis añadido

Patmos es una isla volcánica con colinas rocosas en gran parte de su territorio inhóspito y desierto. Allí no hay arroyos ni árboles, y su vegetación es muy escasa. En la actualidad, es un centro turístico, pero durante la dominación romana era un lugar de destierro donde enviaron al apóstol Juan, en 97 d. C., por cierto tiempo. Fue en ese mismo lugar árido y desolado que el apóstol tuvo la visión que describe luego desde Éfeso.

Nuestra oración es que, por medio del Espíritu Santo, usted reciba en su corazón la revelación* que tuvo Juan:

Estaba yo en el Espíritu en el día del Señor, y oí detrás de mí una gran voz, como *sonido* de trompeta, que decía: Escribe en un libro lo que ves, y envíalo a las siete iglesias: a Éfeso, Esmirna, Pérgamo, Tiatira, Sardis, Filadelfia y Laodisea. Y me volví para ver *de quién era la voz* que hablaba conmigo. Y al volverme, vi siete candeleros de oro; y en medio de los candeleros, *vi* a uno semejante al Hijo del Hombre, vestido con una túnica que le llegaba hasta los pies y ceñido por el pecho con un cinto de oro. Su cabeza y sus cabellos eran blancos como blanca lana, como nieve; sus ojos eran como llama de fuego; sus pies semejantes al bronce bruñido cuando se le ha hecho refulgir en el horno, y su voz como el ruido de muchas aguas. En su mano derecha tenía siete estrellas, y de su boca salía una aguda espada de dos filos; su rostro era como el sol *cuando* brilla con *toda* su fuerza. Cuando lo vi, caí como muerto a sus pies. Y Él puso su mano derecha sobre mí, diciendo: No temas, yo soy el primero y el último, y el que vive, y estuve muerto; y he aquí, estoy vivo por los siglos de los siglos, y tengo las llaves de la muerte y del Hades.

APOCALIPSIS 1:10-18

A lo mejor usted está, o estuvo, confinado a un estado de desolación, cautivo y rodeado de territorios áridos y sin vida. Pudiera ser que se encuentre en un lugar de su vida duro y frío, como el terreno rocoso que rodeaba a Juan. Y en medio de todo eso, su consuelo está en morir e ir al cielo, donde sí existe la felicidad. Ve la victoria distante y su corazón se entristece cada vez más. Recicla dolores y heridas. Por eso, la esperanza se debilita y se extingue. Esto le deja un dolor cada vez más intenso y trae a su corazón desesperanza, amargura y resentimiento:

La esperanza que se demora enferma el corazón.

PROVERBIOS 13:12

Estamos seguros que al igual que Juan cuando estuvo en medio de la desolación, usted también puede tener una revelación del Cristo resucitado y glorioso. Un Cristo vivo, que tiene las llaves de la muerte y del Hades y el poder sobre la vida y la muerte. Con Él, puede disfrutar de una vida plena, llena de su gloria y de su poder; la vida gloriosa de los hijos de Dios. Si esto es lo que anhela, solo hay un camino que lleva a la vida gloriosa y es el mismo que tomó Jesús. Así que ahora le invitamos a participar con Cristo de su humillación* y de su muerte. También le invitamos a participar, por el poder del Espíritu Santo, de la victoria de Cristo sobre la muerte, la resurrección, a fin de que tenga acceso a la vida abundante que el

Padre les quiere dar a sus hijos. Al final de este camino, usted será una evidencia del verdadero significado de la obra salvífica de Cristo y de la vida gloriosa que Dios tiene para sus hijos.

José Víctor Dugand
Elisa Pacheco
Dr. Larry Pacheco
Pastores
Iglesia Ekklesia Global
Miami

INTRODUCCIÓN

SOLO DIOS TIENE EL PODER PARA DAR VIDA

En este recorrido de siete semanas que nos disponemos a realizar, aprenderemos una serie de verdades que nos permitirán cumplir los objetivos que están en el corazón del Padre.

Le invitamos a que nos acompañe a través de los aspectos principales que componen este proceso* de restauración*.

PRESENTACIÓN

Este es un proceso* de restauración* bíblico y Cristocéntrico basado en la revelación del Espíritu Santo acerca de la vida de Jesús y el poder salvador de su resurrección. Aplicando esta verdad encontrará la verdadera libertad que le traerá paz y esperanza, y experimentará la manifestación de la vida gloriosa de Cristo en su propia vida.

> Cuando Cristo, nuestra vida, sea manifestado, entonces vosotros también seréis manifestados con Él en gloria.
>
> COLOSENSES 3:4

El enfoque de reinstaurar la vida de Jesús en su vida, así como el de restaurar su justicia* en su vida, lo llevará a declarar estas palabras: «Yo soy la manifestación de la justicia* de Dios por medio de la fe en Jesucristo»:

> Porque en el evangelio la justicia* de Dios se revela por fe y para fe; como está escrito: MAS EL JUSTO POR LA FE VIVIRÁ.
>
> ROMANOS 1:17

> Pero ahora, aparte de la ley, la justicia* de Dios ha sido manifestada [...] es decir, la justicia* de Dios por medio de la fe en Jesucristo, para todos los que creen.
>
> ROMANOS 3:21-22

Por lo tanto, tiene el derecho a vivir y disfrutar del favor de Dios y la vida en gloria. Este es el regalo de Dios para usted cuando finalice este proceso* de restauración*.

Así que le exhortamos a que medite en la Palabra, la repita en su mente una y otra vez, reflexione en ella y la sopese al declarársela cada día como le ordenara el Señor a su siervo Josué:

> Este libro de la ley no se apartará de tu boca, sino que meditarás en él día y noche, para que cuides de hacer todo lo que en él está escrito; porque entonces harás prosperar tu camino y tendrás éxito.
>
> JOSUÉ 1:8

ORIGEN DEL PROCESO

La sanación* y la restauración* han sido una inquietud que Dios ha sembrado en lo más profundo de nuestros corazones. Desde los primeros tiempos de haber conocido al Señor y de empezar a congregarnos, se constituyó en una carga para nosotros.

Conocer los atributos de Dios, su santidad, su poder infinito, su misericordia, su amor incondicional e inagotable, e ir comprobando cómo se manifestaban en la vida de nosotros y en la vida de algunos de los miembros de la congregación, fue siempre un gozo muy grande.

Dios, en su infinita misericordia, nos trajo a una congregación donde se enseña el amor incondicional e ilimitado del Padre celestial a sus hijos. Así aprendimos a conocer nuestra verdadera condición cuando supimos que ya no éramos esclavos, sino hijos de Dios.

Creemos que Jesucristo no solo vino a morir por nosotros para salvarnos y darnos el derecho a la vida eterna, sino que Cristo vino a enseñarnos mediante su ejemplo a vivir la verdadera vida a la que tienen derecho los hijos de Dios.

Este libro tiene una base bíblica que, sin duda, es esencial para el proceso* de restauración*: *7 Semanas en pos de la gloria*. Nuestro objetivo es enseñarles a los hijos de Dios que, siguiendo el camino de Jesucristo en su humillación*, su muerte y su resurrección, pueden tener acceso a su vida en gloria.

Esta es la única forma en que la vida de cada uno puede restaurarse a una relación plena con Dios Padre a fin de vivir como sus hijos. De ese modo, andamos en el mismo camino que el Primogénito* nos vino a mostrar, cuando lo hizo cumpliendo a plenitud lo que el Padre celestial le asignó por amor a nosotros.

RAZÓN DEL PROCESO

Queremos presentarle este enfoque: Jesús no vino a la tierra solo a morir y resucitar. Si ese hubiera sido su único propósito, Él no hubiera perdido el tiempo haciendo todo lo que hizo. A la primera oportunidad, se habría constituido en sacrificio* y habría muerto.

Sin embargo, hay una vida entera que con algún propósito tuvo que vivirse: La vida de Jesús. Se trata de la vida que llevó con discreción hasta los treinta años. La misma que llevó después de su bautismo en el Jordán y de recibir el Espíritu Santo hasta su muerte en la cruz. Esta otra vida tenía un propósito que iba más allá de solo morir por nosotros.

Es necesario considerar que en los planes de Dios no hay nada absurdo ni redundante. De modo que todo lo que ocurrió en la vida de Jesús tiene un propósito eterno para cada uno de nosotros. Por eso, todas las cosas que Él hizo, las cuales se registraron en la Biblia, tienen un propósito. Y ese propósito no fue solo salvarnos, sino también enseñarnos a vivir de acuerdo con sus *enseñanzas*, pero sobre todo de acuerdo con su ejemplo. Jesús vino a enseñarnos a vivir como lo que somos, como hijos de Dios. Él vino a que fuéramos conscientes de esto:

> Pues no habéis recibido un espíritu de esclavitud para volver otra vez al temor, sino que habéis recibido un espíritu de adopción como hijos, por el cual clamamos: ¡Abba, Padre!
>
> ROMANOS 8:15

En la vida que Jesús nos vino a modelar, nos habló de muchas cosas que no hubiéramos percibido de manera clara solo con las palabras. De ahí que sea necesaria la revelación* del Espíritu Santo:

> Pero el Consolador, el Espíritu Santo, a quien el Padre enviará en mi nombre, Él os enseñará todas las cosas, y os recordará todo lo que os he dicho.
>
> JUAN 14:26

Estas son las cosas que hasta ahora le habían ocurrido a usted sin que se diera cuenta. Así que Dios se las presenta hoy a través de este proceso* a fin de que reciba su revelación*. Es directo, del corazón de Dios al suyo.

Todos nosotros, de alguna forma, no somos conscientes todavía de que en cada una de las situaciones que vivió Jesús hay un profundo mensaje con múltiples aplicaciones. La más general de las aplicaciones es que actuemos como Él lo hizo en todo. Esto nos llevará a tener la noción de que Jesús, al venir a la vida como hombre, lo hizo para tener una vida de humillación*, sufrimiento* y muerte. Una vida muy diferente, y en una forma muy distinta, a como el pueblo judío esperaba a su Mesías: como un guerrero y gobernante triunfante en el campo militar y político.

Cristo nos dejó enseñanzas que van más allá de ser simples hechos históricos que nos pueden ofrecer algún beneficio. Queremos que usted tenga otro enfoque. Queremos que la vida de Jesús lo toque de manera eficaz y determinante. Sí, amado hermano en Cristo, estamos hablando con usted que es una parte indiscutible del cuerpo de Cristo. Usted es hijo de Dios y lo más probable es que no esté viviendo como tal.

Por eso venimos ante usted para que en su condición reconocida e indudable de hijo de Dios sepa que en Cristo puede hacerlo todo. A decir verdad, que pueda hacer todo lo que Dios quiere que se haga por usted y para usted, en cuanto asuma la condición que le corresponde:

> Todo lo puedo en Cristo que me fortalece.
>
> FILIPENSES 4:13

Y esto lo logrará armado con la fe y creyéndolo sin dudar:

> Tomando el escudo de la fe con el que podréis apagar
> todos los dardos encendidos del maligno [...] y la espada
> del Espíritu que es la palabra de Dios.
>
> EFESIOS 6:16-17

Le invitamos a que se decida a seguir el modelo* de Cristo. Le invitamos a que armado de fe, y recibiendo la revelación* del Espíritu Santo, siga como Jesús por su trayectoria de humillación* y muerte de modo que logre vivir después de la resurrección, la vida en gloria de Jesús, del Cristo glorioso que venció la muerte.

FUNDAMENTO

El fundamento de *7 Semanas en pos de la gloria es* Jesús: El modelo* de su vida, su servicio, su liderazgo, su transparencia, sus enseñanzas, su justicia*, su entrega total en humillación*, su experiencia de la muerte, su gracia* y su resurrección.

> Yo soy el camino, y la verdad, y la vida.
>
> JUAN 14:6

> Yo soy la resurrección y la vida [...] y todo el que vive y
> cree en mí, no morirá jamás.
>
> JUAN 11:25-26

Vivir la vida en gloria significa vivir cada día la misma vida que Cristo nos modeló. Significa experimentar sus mismos sufrimientos y su muerte, al morir a nosotros mismos. Vivir la vida en gloria significa vivir la resurrección de Cristo en nosotros. Sin duda alguna, dejar en la cruz todas las heridas que ya se sanaron, las enfermedades que ya se vencieron en la cruz, olvidar el pasado que quedó en la cruz, junto con los señalamientos, los temores, los complejos, los malos hábitos, los comportamientos compulsivos, las adicciones, el rechazo; y todo lo que nos ha atacado y nos ha robado la plenitud de vida.

¿Sabe lo que el Señor dice de usted en el Salmo 1:3? Dice que el hombre que se deleita en la ley del Señor y en sus mandamientos «será como un árbol firmemente plantado junto a corrientes de agua, que da su fruto a su tiempo y su hoja no se marchita; en todo lo que hace prospera».

PROPÓSITO

- Reconocer que Jesucristo es el camino, la verdad y la vida. Solo Él puede sanar sus heridas y resentimientos, y quitar los pecados que le han impedido vivir la vida gloriosa.

- Entender la verdadera resurrección, aplicándola a la vida y a la forma en que convivimos y nos relacionamos con Dios y con los demás. De ese modo, podremos vivir en libertad y aceptaremos a los demás como son y como los ve Dios.

- Aprender a disfrutar el regalo de la gracia* de Dios para salir del estado de negación*. Dejar de negar los problemas en los que hemos vivido.

- Reconocer el poder de Dios en nuestras vidas para obtener las fuerzas cuando enfrentamos dificultades.

- Romper el ciclo de la justicia* propia que juzga, señala, acusa y cobra cuentas a los demás, lo cual nos impide vivir la salvación* del alma.

- Renunciar a la idolatría del «yo puedo», es decir, salir de la idolatría del hombre hacia sí mismo como si fuéramos Dios y lo pudiéramos todo, para vencer el yugo de la autosuficiencia.

- Concentrarnos en la presencia de Dios Todopoderoso y en adorarlo, entendiendo esto como el único recurso para entrar en intimidad con Él.

- Reconocer la soberanía* de Dios sobre nuestras vidas y glorificarlo para vivir la salvación* del alma de día en día.

- Manifestar la gloria de Dios, y manifestar la gloria Dios en los hijos de Dios. La sanidad* es el resultado.

DESARROLLO DEL PROCESO

Este libro está dividido en dos partes. La primera parte: «El modelo de Jesús y mi responsabilidad», y la segunda parte: «Mi diario en pos de la gloria».

La primera parte constituye el fundamento bíblico de este proceso restaurador y evangelizador. En esta parte se establece una comparación entre la vida de Cristo y lo que debe ser la vida del hombre. Nuestra responsabilidad es asumir la vida de Cristo y lo haremos por fe y con la revelación del Espíritu Santo.

La segunda parte, «Mi diario en pos de la gloria», es la parte activa del proceso, donde usted va a desarrollar una serie de ejercicios en los que va a aplicar las verdades que Dios ha puesto en su corazón cuando leyó la primera parte. Esta parte recoge el perfil de las preguntas más comunes hechas en la consejería bíblica y Cristocéntrica.

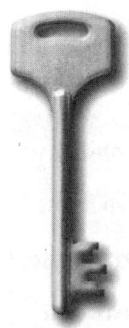

EL MODELO
DE JESÚS Y MI
RESPONSABILIDAD

*Porque os he dado ejemplo, para que como yo os he
hecho, vosotros también hagáis.*

JUAN 13:15

Esta primera parte, constituye el fundamento bíblico de este proceso* evangelizador y restaurador. A fin de lograrlo, se establece una comparación entre la vida y la muerte de Cristo y del hombre.

Una vez que el hombre se identifica con Cristo en su vida y muerte, va a participar de la resurrección y la vida en gloria.

LA HUMILLACIÓN

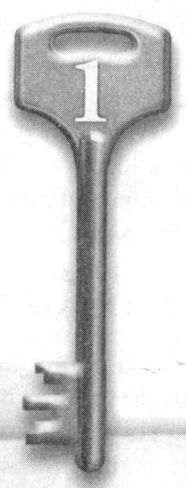

HAYA, PUES, EN VOSOTROS ESTA
ACTITUD QUE HUBO TAMBIÉN EN
CRISTO JESÚS, EL CUAL, AUNQUE EXISTÍA
EN FORMA DE DIOS, NO CONSIDERÓ
EL SER IGUAL A DIOS COMO ALGO
A QUÉ AFERRARSE, SINO QUE SE DESPOJÓ
A SÍ MISMO TOMANDO FORMA DE SIERVO,
HACIÉNDOSE SEMEJANTE A LOS HOMBRES.

FILIPENSES 2:5-7

LA HUMILLACIÓN

L a humillación* es el primer paso necesario que debe dar todo creyente que quiera producir en su corazón un proceso* de sanación* eficaz y duradero. No es lo que un pastor o consejero le pueda decir ni sugerir para sanar sus heridas, cambiar sus hábitos o superar sus complejos. Tampoco se trata de un esfuerzo por hacer algo, sino mediante una humillación* verdadera, muy diferente al hecho de que le humillen, es como va a lograr esa sanidad* tan anhelada. Es, además, una actitud de rendición total y de estimar al otro como más importante. La misma que hubo en Cristo.

LA HUMILLACIÓN DE CRISTO

La humillación* de Cristo fue el primer paso que Él debió tomar y la primera condición que debió seguir con el propósito de cumplir aquello para lo que le envió el Padre. Así lo expresó ante sus discípulos cuando dos de ellos manifestaron su anhelo por lugares de preeminencia en el reino:

> Y el que quiera entre vosotros ser el primero, será vuestro siervo; así como el Hijo del Hombre no vino para ser servido, sino para servir y para dar su vida en rescate por muchos.
>
> Mateo 20:27-28

Sin duda alguna, la actitud humilde de Jesús establecida en la Palabra se tenía que cumplir:

> He aquí, tu rey viene a ti, justo y dotado de salvación*, humilde, montado en un asno, en un pollino, hijo de asna.
>
> ZACARÍAS 9:9

En esta primera parte del proceso* debemos entender muy bien el significado de la humillación* a través del sufrimiento* y la muerte de Jesús por nosotros. También es necesario que entendamos que la naturaleza de Jesús, además de ser divina, era también humana, que su carne* era humana. A decir verdad, Él sentía hambre, sed, calor, frío y dolor. Sufrió en realidad el dolor físico y el dolor moral por nosotros. Asimismo, experimentaba emociones:

Y tomó consigo a Pedro, a Jacobo y a Juan, y comenzó a afligirse y a angustiarse mucho. Y les dijo: Mi alma está muy afligida, hasta el punto de la muerte; quedaos aquí y velad.

MARCOS 14:33-34

Y estando en agonía, oraba con mucho fervor; y su sudor se volvió como gruesas gotas de sangre, que caían sobre la tierra.

LUCAS 22:44

Jesús también experimentó sentimientos al expresar su tristeza antes de entrar a Jerusalén:

Cuando se acercó, al ver la ciudad, lloró sobre ella.

LUCAS 19:41

O ante la pena que le causó la muerte de su amigo Lázaro:

Y cuando Jesús la vio llorando [a María, hermana de Lázaro], y a los judíos que vinieron con ella llorando también, se conmovió profundamente en el espíritu, y se entristeció [...] Jesús lloró. Por eso los judíos decían: Mirad, cómo lo amaba.

JUAN 11:33, 35-36

Y no solo vemos las emociones que reflejaban su amor y su bondad, sino también las que hablaban de su carácter:

Y encontró en el templo a los que vendían bueyes, ovejas y palomas, y a los que cambiaban dinero allí sentados. Y haciendo un azote de cuerdas, echó a todos fuera del templo, con las ovejas y los bueyes; desparramó las monedas de los cambistas y volcó las mesas; y dijo a los que vendían palomas: Quitad esto de aquí; no hagáis de la casa de mi Padre una casa de comercio.

JUAN 2:14-16

Y ante tal demostración de su carácter y su ira santa, sus discípulos se acordaron de lo que estaba escrito: «Porque el celo por tu casa me ha consumido» (Salmo 69:9, LBLA). Esta ira santa que no implica represalia ni justicia* propia, nos modela el celo con el que debemos rechazar nuestro orgullo y nuestras ambiciones personales.

Reconozcamos que en Él había una gran diferencia con respecto a nosotros. En su exterior era como todos los hombres que, en su naturaleza, llevan dentro el pecado. Sin embargo, la naturaleza de Jesús era del todo diferente, sin pecado, pues a la vez Él era Dios.

[Dios] enviando a su propio Hijo en semejanza de carne* de pecado y *como ofrenda* por el pecado, condenó al pecado en la carne.

ROMANOS 8:3

Jesús tenía que sufrir la humillación*. En su condición humana, no era el Dios majestuoso y lleno de gloria y poder, sino el Cristo hecho siervo ante los hombres, con un fin, «para anular mediante la muerte el poder de aquel que tenía el poder de la muerte, es decir, el diablo» (Hebreos 2:14).

En la Biblia está la forma en que Jesús hizo de su vida una manifestación suprema de humillación*. Así que esto debe ser una exhortación para nosotros, tal y como lo dice la carta a los Filipenses en el capítulo 2.

JESÚS, AUNQUE ERA DIOS, SE HUMILLÓ Y SE HIZO HOMBRE

Piense en esto:

🔑 Cristo existía en forma de Dios desde antes de la fundación del mundo, con una gloria igual a la del Padre: «Y ahora, glorifícame tú, Padre, junto a ti, con la gloria que tenía contigo antes que el mundo existiera» (Juan 17:5).

🔑 Cristo es igual a Dios, pues en Él habita la plenitud de la deidad, y todo lo que está en Dios está en Cristo: «Porque toda la plenitud de la Deidad reside corporalmente en Él [Cristo] (Colosenses 2:9).

🔑 Cristo es la manifestación visible de Dios: «Él es la imagen del Dios invisible, el primogénito* de toda creación» (Colosenses 1:15).

🔑 Ambos, Cristo y el Padre, tienen la misma gloria: «Y me mostró un río de agua de vida, resplandeciente como cristal, que salía del trono de Dios y del Cordero» (Apocalipsis 22:1).

No hay ninguna expresión de mayor y extrema humillación* que la de Aquel que, siendo portador de la misma gloria del Padre, tomara la decisión de descender de su condición de Dios, para hacerse hombre:

Haya, *pues*, en vosotros esta actitud que hubo también en Cristo Jesús, el cual, aunque existía en forma de Dios, no consideró el ser igual a Dios como algo a qué aferrarse, sino que se despojó a sí mismo tomando forma de siervo, haciéndose semejante a los hombres.

FILIPENSES 2:5-7

JESÚS, AUNQUE ERA DIOS Y POSEÍA RIQUEZAS, VIVIÓ EN POBREZA

🔑 Jesús es Dios hecho hombre y no debemos verlo como un derivado del Padre, de un segundo nivel, sino como lo que es: El dueño absoluto de todo lo creado: «Porque en Él fueron creadas todas las cosas, *tanto* en los cielos *como* en la tierra, visibles e invisibles; ya sean tronos o dominios o poderes o autoridades; todo ha sido creado por medio de Él y para Él» (Colosenses 1:16).

🔑 Jesús, como hombre, vivió en carencia de muchas cosas: «Porque conocéis la gracia* de nuestro Señor Jesucristo, que siendo rico, sin embargo por amor a vosotros se hizo pobre, para que vosotros por medio de su pobreza llegarais a ser ricos» (2 Corintios 8:9).

🔑 Jesús les mostró a sus discípulos cuál era el costo, y cuánta era la humillación* que tenía que pasar por causa de su ministerio: «Y Jesús le dijo: Las zorras tienen madrigueras y las aves del cielo nidos, pero el Hijo del Hombre no tiene dónde recostar la cabeza» (Mateo 8:20).

JESÚS, AUNQUE ERA EL HIJO DE DIOS, SE HUMILLÓ POR AMOR A LOS «SUYOS»

🔑 Jesús era consciente de que lo tenía todo: «Todas las cosas me han sido entregadas por mi Padre» (Mateo 11:27). También sabía de dónde venía lo que tenía: «[Dios] nos ha hablado por su Hijo, a quien constituyó heredero de todas las cosas» (Hebreos 1:2).

🔑 Jesús tenía en claro su identidad*: «Jesús, sabiendo que el Padre había puesto todas las cosas en sus manos, y que de Dios había salido y a Dios volvía» (Juan 13:3).

🔑 Interrumpió la cena de la Pascua para humillarse aun más poniendo de lado su poder y autoridad al hacer la tarea del esclavo más bajo y lavar los pies a sus discípulos: «Se levantó de la cena y se quitó su manto, y tomando una toalla, se la ciñó. Luego echó agua en una vasija, y comenzó a lavar los pies de los discípulos y a secárselos con la toalla que tenía ceñida» (Juan 13:4-5).

🔑 Jesús siempre enseñó y modeló la humildad*. Por eso les pregunta a sus discípulos: «¿Cuál es mayor, el que se sienta a la mesa, o el que sirve? ¿No lo es el que se sienta a la mesa? Sin embargo, entre vosotros yo soy como el que sirve» (Lucas 22:27). Después de lavar los pies a sus discípulos, les dice: «Pues si yo, el Señor y el Maestro, os lavé los pies, vosotros también debéis lavaros los pies unos a otros. Porque os he dado ejemplo, para que como yo os he hecho, vosotros también hagáis» (Juan 13:14-15).

JESÚS, AUNQUE ERA REY, LO ESCARNECIERON SIN MOTIVO

🔑 Después de que lo arrestaron: «Los hombres que tenían a Jesús bajo custodia, se burlaban de Él y le golpeaban; y vendándole los ojos, le preguntaban, diciendo: Adivina, ¿quién es el que te ha golpeado?» (Lucas 22:63-64).

JESÚS, AUNQUE LLEVABA UNA VIDA PERFECTA, LO ACUSARON FALSAMENTE

🔑 Cuando a Jesús lo llevaron ante el concilio y le preguntaron sobre si era el Cristo, respondió: «Yo soy; y veréis al Hijo del Hombre sentado a la diestra del poder y viniendo con las nubes del cielo» (Marcos 14:62).

🔑 Ante eso, el sumo sacerdote reaccionó: «Rasgando sus ropas, dijo: ¿Qué necesidad tenemos de más testigos? Habéis oído la blasfemia*; ¿qué os parece? Y todos le condenaron, diciendo que era reo de muerte. Y comenzaron algunos a escupirle, a cubrirle el rostro y a darle de puñetazos, y a decirle: ¡Profetiza! Y los alguaciles le recibieron a bofetadas» (Marcos 14:63-65).

JESÚS, AUNQUE LE HALLARON JUSTO, LO CANJEARON POR UN CRIMINAL

🔑 A Jesús lo llevaron ante Pilato y este le halló justo: «Salió otra vez adonde *estaban* los judíos y les dijo: *Yo no encuentro ningún delito en Él.* Pero es costumbre entre vosotros que os suelte a uno en la Pascua. ¿Queréis, pues, que os suelte al Rey de los judíos? Entonces volvieron a gritar, diciendo: No a este, sino a Barrabás. Y Barrabás era un ladrón» (Juan 18:38-40, énfasis añadido).

JESÚS, AUNQUE ERA REY, LO EXPUSIERON AL ESCARNIO DEL PUEBLO

🔑 A Jesús lo expusieron ante el pueblo: «Y [los soldados] desnudándole, le pusieron encima un manto de escarlata. Y tejiendo una corona de espinas, se la pusieron sobre su cabeza, y una caña en su mano derecha; y arrodillándose delante de Él, le hacían burla, diciendo: ¡Salve, Rey de los judíos! Y escupiéndole, tomaban la caña y le golpeaban en la cabeza. Después de haberse burlado de Él, le quitaron el manto, le pusieron sus ropas y le llevaron para crucificarle» (Mateo 27:28-31).

JESÚS, AUNQUE LO RATIFICARON JUSTO, LO CONDENARON A MUERTE

🔑 A pesar de que no encontraron delitos dignos de muerte, decidieron crucificar a Jesús: «Pilato salió otra vez, y les dijo: Mirad, os lo traigo fuera, para que sepáis que no encuentro ningún delito en Él [...] Tomadle vosotros, y crucificadle, porque *yo no encuentro ningún delito en Él*» (Juan 19:4, 6, énfasis añadido).

JESÚS, AUNQUE ERA EL ÚNICO JUSTO, LO COLOCARON ENTRE PECADORES

🔑 No solo se le consideró transgresor, sino también le condenaron entre los pecadores: «Entonces fueron crucificados con Él dos ladrones, uno a la derecha y otro a la izquierda» (Mateo 27:38).

🔑 Además, lo pusieron en medio como el principal de ellos: «Y con los transgresores fue contado» (Isaías 53:12).

JESÚS, EN MEDIO DE SU TORMENTO, INTERCEDIÓ POR SUS ENEMIGOS (NOSOTROS)

🔑 «Jesús decía: Padre, perdónalos, porque no saben lo que hacen» (Lucas 23:34).

🔑 ACristo intercedió por nosotros: «Llevando Él, el pecado de muchos, e intercediendo por los transgresores» (Isaías 53:12).

🔑 Todo el que se arrepienta y crea en el evangelio obtendrá el mismo perdón (sanidad* y restauración* total), ya que fue el propio Jesús el que clamó al Padre por nuestro perdón.

JESÚS TUVO LA MÁS HUMILLANTE DE LAS MUERTES

🔑 Como si no fuera suficiente este grado de humillación*, al hacerse hombre y sufrir todo este escarnio, Jesús se *humilló aun más bajo*: «Y hallándose en forma de hombre, se humilló a sí mismo, haciéndose obediente hasta la muerte, y muerte de cruz» (Filipenses 2:8).

🔑 La muerte en la cruz era una muerte degradante para los romanos, y para los judíos era maldición colgar de un madero: «Habiéndose hecho [Cristo] maldición por nosotros (porque escrito está: MALDITO TODO EL QUE CUELGA DE UN MADERO)» (Gálatas 3:13). «Pues el colgado es maldito de Dios» (Deuteronomio 21:23).

🔑 Jesús se humilló siendo obediente hasta la muerte: «Fue oprimido y afligido, pero no abrió su boca; como cordero que es llevado al matadero, y como oveja que ante sus trasquiladores permanece muda, no abrió Él su boca» (Isaías 53:7).

🗝 Su entrega fue voluntaria, en humildad*: «Nadie me la quita [la vida], sino que yo la doy de mi propia voluntad» (Juan 10:18).

🗝 Hasta el final modeló esa humildad*: «Quien por el gozo puesto delante de Él soportó la cruz, menospreciando la vergüenza» (Hebreos 12:2).

JESÚS, AUNQUE ERA OBEDIENTE, LO HUMILLARON A PESAR DE QUE YA ESTABA INDEFENSO

🗝 Cuando ya Jesús estaba en la cruz, fue objeto de más burla y desprecio: «Y los que pasaban le injuriaban, meneando la cabeza y diciendo: ¡Bah! Tú que destruyes el templo y en tres días lo reedificas, ¡sálvate a ti mismo descendiendo de la cruz! De igual manera, también los principales sacerdotes junto con los escribas, burlándose DE ÉL entre ellos, decían: A otros salvó, a sí mismo no puede salvarse. Que este Cristo, el Rey de Israel, descienda ahora de la cruz, para que veamos y creamos. Y los que estaban crucificados con Él *también* le insultaban» (Marcos 15:29-32).

🗝 Hasta uno de los condenados con Él le humillaba aun más: «Y uno de los malhechores que estaban colgados allí le lanzaba insultos, diciendo: ¿No eres tú el Cristo? ¡Sálvate a ti mismo y a nosotros!» (Lucas 23:39).

LA HUMILLACIÓN DEL HOMBRE

El ser humano es, como consecuencia de la caída*, egocéntrico y vanidoso. De ahí que sea muy difícil describir la naturaleza humana porque muchas veces los que en apariencias son modestos, humildes y serviciales, al final lo hacen por orgullo a fin de proyectar una imagen agradable y recibir aceptación.

Más engañoso que todo, es el corazón, y sin remedio; ¿quién lo comprenderá?

JEREMÍAS 17:9

La realidad es que el hombre en su condición natural no se humilla por sí mismo. Por el contrario, se jacta porque en su carne* lo que hay es vanidad y maldad. En su corazón solo hay orgullo e iniquidad:

> Porque de adentro, del corazón de los hombres, salen los malos pensamientos, fornicaciones, robos, homicidios, adulterios, avaricias, maldades, engaños, sensualidad, envidia, calumnia, *orgullo* e insensatez. Todas estas maldades de adentro salen, y contaminan al hombre.
>
> MARCOS 7:21-23, énfasis añadido

Jesús nos habla de una manera tal que podemos ver la humillación* como algo que en sí no avergüenza. Esto es semejante a la actitud que hay en los niños, la cual nos dará mayor beneficio al final que si tratamos con nuestras fuerzas en orgullo:

> En verdad os digo que si no os convertís y os hacéis como niños, no entraréis en el reino de los cielos. Así pues, cualquiera que se humille como este niño, ese es el mayor en el reino de los cielos.
>
> MATEO 18:3-4

Esto implica que debemos soltar nuestras aspiraciones y convicciones de poder y superioridad con el propósito de asumir la actitud del niño que, sin siquiera tener aún conciencia de ello, confía de manera incondicional en sus padres, depende de ellos y acude a ellos, sobre todo en los momentos de dificultad y peligro. Esto le da la ventaja de estar siempre con gozo y por encima de las dificultades y las angustias.

Además, si aprendemos a depender de nuestro Padre celestial, en obediencia a Él como Cristo nos lo modela sin cesar en la Palabra, vamos a tener la seguridad de estar siempre por encima de las aflicciones. Para tener la opción de ser libre es preciso que usted se humille, siguiendo el modelo* de Jesús y siguiendo sus pasos. Solo así el Padre lo podrá restaurar.

> Humillaos, pues, bajo la poderosa mano de Dios, para que Él os exalte a su debido tiempo.
>
> 1 PEDRO 5:6

Usted debe empezar por asumir una actitud sincera de rendición y entrega, de modo que Dios penetre en su corazón y le revele cuánta maldad hay en él.

Escudríñame, oh Dios, y conoce mi corazón; pruébame y conoce mis inquietudes. Y ve si hay en mí camino malo, y guíame en el camino eterno.

SALMO 139:23-24

También debe tener presente la enseñanza de Jesús a sus discípulos y hacerla una pauta de vida:

El que quiera entre vosotros llegar a ser grande, será vuestro servidor, y el que quiera entre vosotros ser el primero, será vuestro siervo; así como el Hijo del Hombre no vino para ser servido, sino para servir y para dar su vida en rescate por muchos.

MATEO 20:26-28

Entonces, una vez conocida la condición humana en general, es preciso que declare lo siguiente:

ADMITO LA NATURALEZA HUMANA

Reconozco que en mis propias fuerzas no puedo vivir en libertad y no tengo la vida abundante que deseo, ya que no soy Dios. Sin embargo, tengo fuerzas por su gracia*: «Diga el débil: Fuerte soy» (Joel 3:10), sabiendo que es en mi debilidad declarada donde soy fuerte en realidad: «Por eso me complazco en las debilidades, en insultos, en privaciones, en persecuciones y en angustias por amor a Cristo; porque cuando soy débil, entonces soy fuerte» (2 Corintios 12:10).

Con pesar tengo claro lo que soy: «Porque yo sé que en mí, es decir, en mi carne*, no habita nada bueno; porque el querer está presente en mí, pero el hacer el bien no. Pues no hago el bien que deseo, sino que el mal que no quiero, eso practico» (Romanos 7:18-19).

Sé cómo es mi corazón, y sé también que solo Dios lo conoce: «Más engañoso que todo, es el corazón, y sin remedio; ¿quién lo comprenderá? Yo, el Señor, escudriño el corazón, pruebo los pensamientos, para dar a cada uno según sus caminos, según el fruto de sus obras» (Jeremías 17:9-10).

Conozco la promesa para el que se humilla: «Bienaventurados los humildes, pues ellos heredarán la tierra» (Mateo 5:5).

Tengo la revelación* de la misericordia de Dios: «Venid ahora, y razonemos —dice el SEÑOR— aunque vuestros pecados sean como la grana, como la nieve serán emblanquecidos; aunque sean rojos como el carmesí, como blanca lana quedarán» (Isaías 1:18).

Los versículos que hemos leído nos exhortan a reconocer lo engañoso de nuestro corazón, a reconocer nuestras faltas y a entender como es debido el significado de la humillación* a través del sufrimiento* de Jesús por nosotros.

Dios decidió colocar su amor sobre nosotros, extender su mano y manifestarse a nosotros: «Y el que me ama será amado por mi Padre; y yo lo amaré y me manifestaré a él» (Juan 14:21).

Si nos humillamos de la misma manera que Jesús lo hizo, reconocemos con humildad*...

- El pecado que nos acecha
- Las heridas que aún no hemos sanado
- Los resentimientos que todavía no hemos vencido
- La culpabilidad que nos castiga
- Los malos hábitos que nos persiguen
- Los complejos que nos atan
- Las adicciones que nos esclavizan
- Los comportamientos compulsivos que nos dominan
- La justicia* propia que nos amarga

Entonces, de ese modo, entiendo cuál es mi problema y recibiré un regalo llamado «la gracia* de Dios» que hace posible *el rescate de Jesucristo en la cruz para liberarme, en efecto, del poder del pecado.*

No se resista y tenga presente que para Dios nada queda oculto y que para Él todo es posible. Recuerde que Él se le presentó, vino a buscarlo y ya estaba en usted.

La injusticia* que Cristo vivió nos modela la profundidad de hasta dónde debe llegar nuestra humillación*. Cuando nos hacemos partícipes de su injusticia*, tenemos la garantía del proceso* para la verdadera sanación* y liberación.

En verdad, en verdad os digo que si el grano de trigo
no cae en tierra y muere, queda él solo; pero si muere,
produce mucho fruto.

JUAN 12:24

RECONOZCO LAS MANIFESTACIONES DE LA JUSTICIA PROPIA

Busque cuál es la actitud de su corazón y admita cuáles son las manifestaciones de su justicia* propia, las que no ha reconocido, ni ha aceptado, tales como: La negación*, la aparente bondad, la crítica, el aislamiento, la inhibición, la agresividad activa* y pasiva* y los mecanismos de defensa. Además, la manifestación de la falsa creencia sobre la injusticia* del hombre le han impedido conocer la gracia* de Dios para quitar el dolor y la amargura y para traer la revelación* de quién es Cristo y cuál es el verdadero significado de la salvación*. Sin duda alguna, todas estas manifestaciones hay que buscarlas, reconocerlas, aceptarlas y erradicarlas.

Debemos aceptar que detrás de cada situación injusta que el mundo nos presenta, están en realidad las intenciones de Dios de revelarnos su justicia*. En la vida, la injusticia* del mundo es la justicia* de Dios. Esas injusticias del mundo son las que nos llevan a seguir los mismos pasos de Cristo para obtener la libertad.

No juzguéis para que no seáis juzgados. Porque con el
juicio con que juzguéis, seréis juzgados; y con la medida
con que midáis, se os medirá.

MATEO 7:1-2

La manera más genuina de entender las heridas de Cristo es a la luz de la injusticia* de todos nosotros. Los pecados del hombre causaron las heridas de Cristo y esto nos parece injusto a todos. Sin embargo, también muchas de nuestras heridas las causaron los pecados de nuestros semejantes contra nosotros, lo que también nos parece injusto. Entonces, si le agregamos las veces que nos hemos faltado a nosotros mismos, nos encontramos dentro de un ciclo de injusticias que nunca lograríamos superar.

Las injusticias que hemos sufrido son las que nos llevan a vivir un verdadero proceso* de libertad a través de la misma muerte de

Cristo. Lo que fue injusto en apariencias, como el castigo que sufrió Cristo por nosotros, fue justo de verdad. Esto se debe a que Él llevó sobre sí mismo el peso del pecado de toda la humanidad y el Padre descargó en Él toda su ira, la que debió haber sido para nosotros, y nos liberó de la ira de Dios:

> Al que no conoció pecado, le hizo pecado por nosotros, para que fuéramos hechos justicia* de Dios en Él.
>
> 2 CORINTIOS 5:21

CONFIESO EL ORGULLO

El orgullo no se presenta solo, siempre viene acompañado por creer que solo con nuestro esfuerzo podemos enfrentar las dificultades. Esto no es más que ignorancia y vanidad, una combinación terrible que impide que nuestro corazón se rinda por completo.

Le exhortamos a que deje el mundo de la fantasía. La fantasía del «yo puedo», de las expectativas de que las otras personas cambien primero, «del yo no tengo problema», del «yo creo que», «pero no soy yo, sino que él es quien debe cambiar porque es el culpable». Reconozca su orgullo, recházelo y humíllese, porque...

> El altivo será humillado, pero el humilde será enaltecido.
>
> PROVERBIOS 29:23

> Porque todo el que se ensalza será humillado, pero el que se humilla será ensalzado.
>
> LUCAS 18:14

> DIOS RESISTE A LOS SOBERBIOS PERO DA GRACIA* A LOS HUMILDES.
>
> SANTIAGO 4:6

> Y todos, revestíos de humildad* en vuestro trato mutuo, porque DIOS RESISTE A LOS SOBERBIOS, PERO DA GRACIA* A LOS HUMILDES.
>
> 1 PEDRO 5:5

La verdadera humillación* es renunciar a continuar justificándose. Es renunciar a continuar culpando a otros por lo que le pasó, de modo que entonces se decida a rendir la vida a Aquel que se la entregó. Dios es fiel y Él promete sanar al que se humilla:

> Y se humilla mi pueblo sobre el cual es invocado mi nombre, y oran, buscan mi rostro y se vuelven de sus malos caminos, entonces yo oiré desde los cielos, perdonaré su pecado y sanaré su tierra.
>
> 2 CRÓNICAS 7:14

RECONOZCO LA CARNE

La Palabra de Dios nos dice: «Y Él os dio vida a vosotros, que estabais muertos en vuestros delitos y pecados» (Efesios 2:1). Asimismo, nos afirma que en otro tiempo andábamos «según la corriente de este mundo, conforme al príncipe de la potestad del aire» (Efesios 2:2). Por lo tanto, «éramos por naturaleza *hijos de ira*, lo mismo que los demás» (Efesios 2:3, énfasis añadido).

Esto quiere decir que nacimos muertos en lo espiritual, pero vivos de manera física. Así que no teníamos conocimiento de Dios ni teníamos su presencia en nuestra vida. El resultado de esto es que vivíamos separados de Él y con nuestras fuerzas. Esta independencia de Dios es una de las principales características de la carne*:

> Porque el deseo de la carne es contra el Espíritu, y el del Espíritu es contra la carne, pues estos se oponen el uno al otro, de manera que no podéis hacer lo que deseáis.
>
> GÁLATAS 5:17

Es decir, el deseo de la carne* está en oposición porque el Espíritu Santo, al igual que Jesús, no se mueve de manera independiente del Padre, pero la carne* sí.

La carne* puede definirse como la existencia lejos de Dios. Por lo tanto, la carne* la domina el pecado pues está en oposición a Dios.

> Así que, queriendo yo hacer el bien, hallo la ley de que el mal está presente en mí.
>
> ROMANOS 7:21

La carne* es autosuficiente, en vez de depender de Dios. Es también egoísta porque se centra en sí misma, en vez de centrarse en Dios:

> Pero veo otra ley en los miembros de mi cuerpo que hace guerra contra la ley de mi mente, y me hace prisionero de la ley del pecado que está en mis miembros.
>
> ROMANOS 7:23

Este es el estado de la humanidad que se encuentra separada de Dios. La humanidad es pecadora por naturaleza y está muerta espiritualmente. Además, la Biblia nos describe cómo es el corazón, centro de nuestro ser:

> Engañoso es [...] más que todas las cosas, y perverso.
>
> JEREMÍAS 17:9

También la Biblia nos dice cuál es la consecuencia de esa separación:

> Por cuanto todos pecaron están destituidos de la gloria de Dios.
>
> ROMANOS 3:23

La humanidad perdida vive una vida en la carne* y «los que viven según la carne no pueden agradar a Dios» (Romanos 8:8).

ABANDONO LA JUSTICIA PROPIA

Teniendo esto presente, deberá tomar la decisión de abandonar sus propias opiniones y reservas sobre este proceso* de restauración*. Asimismo, debe comprometerse a realizarlo. Es hora de que todos sus esfuerzos se orienten a confiar solo en Dios para que se imparta la justicia* de Cristo en su vida.

El hombre en vez de vivir la vida abundante, según la promesa que Dios le ha dado, vuelve y permanece en su justicia* propia. Entonces, en cuanto declara ese estilo de vida, se integra a un círculo vicioso. Esto unido a sus malos hábitos, más la corrupción de la carne*, lo hace vulnerable a los ataques de Satanás.

Una rutina diaria debería ser preguntarse: ¿Quién reina en mi vida? Yo soy el que gobierna mi vida porque soy el que decide a quién voy a servir. Yo decido cuál es la autoridad espiritual que me va a gobernar para cambiar mis actitudes. También decido las palabras que pronuncio, los decretos que hago sobre mi vida y si quiero seguir viviendo en el pasado. Decido si quiero hacer como Adán y Eva, quienes después de pecar quedaron avergonzados y temerosos:

> Entonces fueron abiertos los ojos de ambos, y conocieron que estaban desnudos; y cosieron hojas de higuera y se hicieron delantales [...] y el hombre y su mujer se escondieron de la presencia del Señor Dios entre los árboles del huerto. Y el Señor Dios llamó al hombre, y le dijo: ¿Dónde estás? Y él respondió: Te oí en el huerto, y tuve miedo porque estaba desnudo, y me escondí.
>
> GÉNESIS 3:7-10

Adán y Eva declararon el dolor de todo lo que habían perdido: la verdadera vida. Los dominaban el temor y la vergüenza. Como nunca pudieron considerar la opción de un Dios misericordioso, perdieron la oportunidad de volver a la intimidad permanente con Él. Por el contrario, si decido que voy a restaurar mi relación íntima con Dios y que la voy a profundizar, desearé aprovechar la extraordinaria manifestación de la misericordia de Dios que es a través de Cristo Jesús.

Ahora, Dios le ofrece la persona con la cual relacionarse y es con Él mismo a través de su Hijo amado, Jesucristo. Una vez que entienda la naturaleza pecaminosa del hombre, puede pedirle al Espíritu Santo que le revele la respuesta a la siguiente pregunta: ¿Qué hizo Jesús en la cruz?

Esto nos lleva al siguiente paso de esta primera parte que es la MUERTE.

LA MUERTE

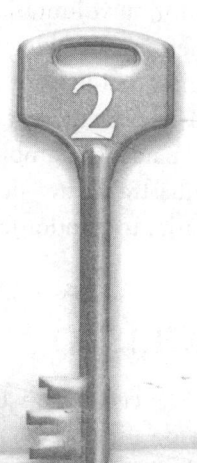

POR ESO EL PADRE ME AMA,
PORQUE YO DOY MI VIDA PARA TOMARLA
DE NUEVO. NADIE ME LA QUITA, SINO
QUE YO LA DOY DE MI PROPIA VOLUNTAD.
TENGO AUTORIDAD PARA DARLA, Y TENGO
AUTORIDAD PARA TOMARLA DE NUEVO.
ESTE MANDAMIENTO RECIBÍ DE MI PADRE.

JUAN 10:17-18

LA MUERTE

La muerte de Cristo tiene un significado especial y una característica única, y es la forma voluntaria en que Él la aceptó. Si bien es cierto que esta muerte ocurre luego de gran sufrimiento* y un castigo cruel e inclemente, no fue sino hasta el momento en que su tiempo llegó cuando Él aceptó entregar su vida en obediencia al Padre. Cristo nos modela para que también nosotros muramos a nuestro viejo hombre, a nuestra carne* de pecado y a nuestro yo, también en forma voluntaria, tomando decisiones firmes y definitivas.

LA MUERTE DE CRISTO

La muerte de Jesús ocurre luego de un largo e intenso proceso* de humillación*. Se trata de un proceso* que duró toda la vida, pero que se intensificó desde el momento de la falsa acusación sobre Él y su aprehensión. Además de eso vino la crueldad que se manifestó cuando a Jesús le golpearon de manera severa con varas y lo azotaron con un látigo de varias tiras de cuero y piezas de metal en los extremos. Sobre este castigo inclemente que soportó vino la tortura de la crucifixión que también fue cruel en extremo.

Jesús vino a morir por nosotros, pero no en un hecho aislado y final, sino que su muerte ocurre en el cumplimiento de una serie de acontecimientos que era necesario que se dieran de acuerdo con la Escritura de los profetas. Su muerte es el acto supremo de humillación* y entrega para la redención* de la humanidad.

Jesús murió en el tiempo previsto.

Sin duda, los judíos lo querían prender por las revelaciones de quién era:

Después de esto, Jesús andaba por Galilea, pues no quería andar por Judea porque los judíos procuraban matarle.

JUAN 7:1

Sin embargo, todavía no había llegado el tiempo:

Procuraban, pues, prenderle; pero nadie le echó mano porque todavía no había llegado su hora.

JUAN 7:30

Así que, como no era su hora, no pudieron hacer presa de Él:

Y algunos de ellos querían prenderle, pero nadie le echó mano.

JUAN 7:44

Algunas veces, los judíos trataron de matarlo, pero no les fue posible. Hasta en una ocasión, en Nazaret, trataron de despeñarle:

Y levantándose, le echaron fuera de la ciudad, y le llevaron hasta la cumbre del monte sobre el cual estaba edificada su ciudad para despeñarle. Pero Él, pasando por en medio de ellos, se fue.

LUCAS 4:29-30

Jesús no murió ejecutado por un juicio sumario:

Entonces tomaron piedras para tirárselas, pero Jesús se ocultó y salió del templo.

JUAN 8:59

En realidad, Él no iba a rendir su vida todavía, sino que, como se dijo antes, cuando fuera el tiempo:

Los judíos volvieron a tomar piedras para apedrearle [...] procuraban otra vez prenderle, pero se les escapó de entre las manos.

JUAN 10:31, 39

Jesús lo anunció de esta manera:

> Id a la ciudad, a cierto hombre, y decidle: El Maestro dice: Mi tiempo está cerca; quiero celebrar la Pascua en tu casa con mis discípulos.
>
> MATEO 26:18

Tampoco murió como un reo que cuando se ejecuta su sentencia, termina todo allí.

Jesús enfatiza el amor que tiene por sus ovejas, las que le pertenecen, a las que cuida y por las que está dispuesto a morir y esto lo hace porque se lo ha encomendado el Padre:

> Yo soy el buen pastor; el buen pastor da su vida por las ovejas [...] el Padre me conoce y yo conozco al Padre, y doy mi vida por las ovejas
>
> JUAN 10:11, 15

Su muerte es un acto de sacrificio*, un sacrificio de expiación, pues solo la muerte del Cordero perfecto y sin mancha podía ganar para nosotros el perdón de los pecados y el derecho a la vida eterna.

> Porque si por la transgresión de uno murieron los muchos, mucho más, la gracia* de Dios y el don por la gracia* de un hombre, Jesucristo, abundaron para los muchos. Porque así como por la desobediencia de un hombre los muchos fueron constituidos pecadores, así también por la obediencia de uno los muchos serán constituidos justos.
>
> ROMANOS 5:15, 19

El Cordero sin mancha inmolado tuvo, sin embargo, que padecer mucho y sufrir la humillación* en grado sumo, como ya vimos en el capítulo referente a la humillación* de Jesús, para después morir cuando llegara su hora.

Jesús mismo permitió que lo arrestaran en el huerto de Getsemaní:

Entonces Judas, tomando la cohorte *romana* y *varios* alguaciles de los principales sacerdotes y de los fariseos, fue allá con linternas, antorchas y armas. Jesús, pues, sabiendo todo lo que le iba a sobrevenir, salió y les dijo: ¿A quién buscáis? Ellos le respondieron: A Jesús el Nazareno. Él les dijo: Yo soy [...] Os he dicho que yo soy; por tanto, si me buscáis a mí, dejad ir a estos [...] Entonces la cohorte *romana*, el comandante y los alguaciles de los judíos prendieron a Jesús y le ataron.

JUAN 18:3-5, 8, 12

Jesús fue a la cruz de forma voluntaria. A Él no le obligaron a hacerlo. En ningún momento lo llevaron en contra de su voluntad. Jesús decidió poner su vida por nosotros, así que su muerte la aceptó por voluntad propia.

Por eso el Padre me ama, porque yo doy mi vida para tomarla de nuevo. Nadie me la quita [la vida] sino que yo la doy de mi propia voluntad. Tengo autoridad para darla, y tengo autoridad para tomarla de nuevo. Este mandamiento recibí de mi Padre.

JUAN 10:17-18

CÓMO MURIÓ JESÚS

Jesús permaneció en la cruz bajo la oscuridad total que se hizo sobre la tierra:

Cuando llegó la hora sexta hubo oscuridad sobre toda la tierra hasta la hora novena.

MARCOS 15:33

Allí estaba Jesús en el sacrificio* voluntario para que la justicia* de Dios se hiciera en Él:

Al que no conoció pecado, le hizo pecado por nosotros, para que fuéramos hechos justicia* de Dios en Él.

2 CORINTIOS 5:21

Jesús, que siempre tuvo el respaldo del Padre, estaba en comunión permanente con el Padre y lo declaraba con seguridad y lealtad:

Las obras que yo hago en el nombre de mi Padre, estas dan testimonio de mí.

JUAN 10:25

Yo y el Padre somos uno.

JUAN 10:30

Para que sepáis y entendáis que el Padre está en mí y yo en el Padre.

JUAN 10:39

Sin embargo, a pesar de esa comunión profunda y constante que Jesús tenía con el Padre, por causa de nuestros pecados, por haberse hecho pecado por nosotros y por la maldición de estar colgado en una cruz, el Padre lo abandonó y Jesús lo sintió. Jesús murió abandonado por el Padre debido al rechazo de Dios por el pecado:

Y a la hora novena Jesús exclamó con fuerte voz: ELOI, ELOI, ¿LEMA SABACTANI?, que traducido significa, DIOS MÍO, DIOS MÍO, ¿POR QUÉ ME HAS ABANDONADO?

MARCOS 15:34

Hay dos aspectos a destacar aquí: El abandono por parte del Padre celestial y lo voluntario de su muerte, de su entrega sin resistencia:

Entonces Jesús, cuando hubo tomado el vinagre, dijo: ¡Consumado es! E inclinando la cabeza, *entregó* el espíritu.

JUAN 19:30, énfasis añadido

A Jesús no le sobrevino la muerte por el excesivo debilitamiento ni por el intenso y demoledor castigo físico que había sufrido, sino porque Él entregó *voluntariamente* su espíritu al Padre. Hasta el último momento tuvo el control de su vida.

QUÉ HACE JESÚS EN LA CRUZ

Jesús sustituye a quienes deberían haber estado allí que no son otros más que nosotros mismos. De ese modo, sufre una muerte horrible e injusta y satisface la ira que siente un Dios santo por el pecado del género humano. Después de estas tres acciones, que están implícitas en la muerte de Jesús, es entonces cuando podemos tener acceso al camino libre y despejado hacia Dios Padre. Entonces, ¿qué hace Jesús en la cruz?

Jesús sustituye

Todos nosotros merecemos morir por nuestros pecados. En el Antiguo Testamento, se ofrecía un animal en sacrificio* como expiación por el pecado de quien traía ese sacrificio*. Sin embargo, aun en el caso que fuera ese hombre el que pagara con su vida, ni siquiera esa sangre se hubiera podido aceptar como expiación porque sería siempre impura por su condición imperfecta.

La muerte por pagar los pecados no habría sido suficiente. Por eso se ofrecía en sacrificio* un animal sin mancha ni defecto, el cual por ser perfecto e inocente al no tener conocimiento ni responsabilidad por sus acciones, podía aplacar la ira de Dios por el pecado. En este mismo sentido solo la sangre preciosa del Cordero perfecto es la que nos puede redimir:

> Sabiendo que no fuisteis redimidos de vuestra vana manera de vivir heredada de vuestros padres con cosas perecederas como oro o plata, sino con sangre preciosa, como de un cordero sin tacha y sin mancha, la sangre de Cristo.
>
> 1 PEDRO 1:18-19

El Cordero perfecto estuvo dispuesto a morir por amor a nosotros, en obediencia al Padre y como nuestro sustituto y a llevar sobre Él el castigo que merecíamos. No había otra opción, nadie más lo podía hacer, solo Jesús. Él nos sustituyó en la cruz.

Primero, ocupó el lugar que debía ser para Barrabás, para usted o para mí, como una humillación* más de las que sufrió. Después ocupó el lugar de todo el género humano. Ahí debíamos estar usted o yo. Así que Jesús se presentó, cargó con esa pena y ocupó nuestro lugar. Eso es la sustitución. Él lo hizo por nosotros y no podía ser de otra forma. Debido a eso, recibimos el regalo inmerecido de Dios: *La vida eterna y nuestra libertad a través de Jesucristo.*

Jesús sufre

Dios tenía que castigar el pecado. En su santidad, Él no tolera el pecado, ni lo acepta, ni lo soporta. Si Él nos castigara por nuestros pecados como debiera ser, estaríamos todos condenados al infierno para siempre. Sin embargo, en lugar de castigarnos, toda su ira recayó sobre Jesús en su muerte. La muerte de Jesús fue horrible, cruel y dolorosa:

> De la manera que muchos se asombraron de ti, *pueblo mío,* así fue desfigurada su apariencia más que la de *cualquier* hombre, y su aspecto más que el de los hijos de los hombres.
>
> ISAÍAS 52:14

Jesús no parecía un hombre por la manera en que le *desfiguraron.* Además, la cruz era la muerte más vergonzosa, dolorosa y terrible que existía, por eso era una tortura. Algunos sentenciados morían por los azotes que les daban sin llegar a la crucifixión. Antes de ir a la cruz, a Jesús lo azotaron, pero no llegó a morir por los azotes debido a que Él tenía que ir hasta el final.

Sin embargo, lo que hizo tan terrible la muerte de Cristo no fue solo la intensidad de los sufrimientos físicos. La muerte de Cristo implicó agonía e intensos sufrimientos mucho mayores que en las muertes que otros hombres hayan podido tener, pero no necesariamente en lo físico. A pesar de lo horrible de sus sufrimientos físicos, estos no fueron nada si los comparamos con el sufrimiento* en el corazón por el que atravesó Jesús.

La tortura física de Jesús la podemos admitir como el castigo por nuestros pecados al ocupar nuestro lugar. También pudiéramos pensar que tal vez esa tortura estuviera más relacionada con el odio, la crueldad y la maldad del ser humano que con el castigo de Dios por el pecado. Sin duda alguna, el castigo de Dios por el pecado se hizo real y verdadero en la muerte de Cristo y en el derramamiento de la sangre preciosa del Cordero perfecto.

Lo significativo de los sufrimientos y la muerte de Cristo no es lo que le hicieron los judíos y los romanos (usted y yo). El verdadero significado de los padecimientos y la muerte de Cristo radica en lo que hizo el Padre celestial para que llevara el castigo por nuestros pecados:

> Pero quiso el Señor quebrantarle, sometiéndole a padecimiento. Cuando Él se entregue a sí mismo como ofrenda de expiación.
>
> ISAÍAS 53:10

> Porque también Cristo murió por *los* pecados [por los suyos y por los míos] una sola vez, el justo por los injustos, para llevarnos a Dios.
>
> 1 PEDRO 3:18

El Padre fue el que mató a Jesús por causa nuestra. Cristo sufrió la ira y el juicio del Padre sobre Él por ser portador de los pecados de la humanidad y se constituyó en el objeto de la ira santa de Dios:

> Y Él mismo llevó nuestros pecados en su cuerpo sobre la cruz.
>
> 1 PEDRO 2:24

> Al que no conoció pecado, le hizo pecado por nosotros, para que fuéramos hechos justicia* de Dios en Él.
>
> 2 CORINTIOS 5:21

En esa condición, el Padre celestial tenía que desecharlo y por eso se puede concluir que el sufrimiento* extremo al que llegó Cristo, además de lo físico, fue la convicción de abandono por parte del Padre:

> DIOS MÍO, DIOS MÍO, ¿POR QUÉ ME HAS ABANDONADO?
>
> MATEO 27:46

Jesús satisface

La ira de Dios por el pecado de los hombres tenía que apaciguarse. Esto se hacía desde el Antiguo Testamento mediante el sistema sacrificial que se estableció en la ley.

Sabemos que el pecado separó al hombre de Dios y lo incapacitó para vivir la vida plena en Él:

Porque la paga del pecado es muerte.

ROMANOS 6:23

Por cuanto todos pecaron y no alcanzan la gloria de Dios.

ROMANOS 3:23

La ira de Dios tenía que satisfacerse y, con ese objetivo, se ofrecían sacrificios de expiación, como se dijo antes. A pesar de eso, el único que podía satisfacer a plenitud la ira de Dios era Jesús, el Cordero perfecto, a fin de que nos pudieran rescatar:

Todos nosotros nos descarriamos como ovejas, nos apartamos cada cual por su camino; pero el SEÑOR hizo que cayera sobre Él la iniquidad de todos nosotros.

ISAÍAS 53:6

Ante esto, la única posibilidad de que el hombre se reconciliara para siempre con Dios era mediante el sacrificio* de un Cordero perfecto:

[Juan el Bautista] vio a Jesús que venía hacia él, y dijo: He ahí el Cordero de Dios que quita el pecado del mundo [...] Al día siguiente Juan estaba otra vez allí con dos de sus discípulos, y vio a Jesús que pasaba, y dijo: He ahí el Cordero de Dios.

JUAN 1:29, 35-36

Este Cordero perfecto era el único que podía expiar los pecados de todos:

Pues lo que la ley no pudo hacer, ya que era débil por causa de la carne*, Dios lo hizo: enviando a su propio Hijo en semejanza de carne de pecado y como ofrenda por el pecado, condenó al pecado en la carne.

ROMANOS 8:3

A través de la muerte de Cristo en la cruz, el sacrificio* perfecto para el perdón de los pecados, es como hemos logrado tener de nuevo acceso a la proximidad con Dios después que nos alejó el pecado. El mismo Dios proveyó la ofrenda para la expiación:

> Siendo justificados gratuitamente por su gracia* por medio de la redención* que es en Cristo Jesús, a quien Dios exhibió públicamente como propiciación por su sangre a través de la fe, como demostración de su justicia*, porque en su tolerancia, Dios pasó por alto los pecados cometidos anteriormente.
>
> ROMANOS 3:24-25

Con su muerte, Jesús satisface la ira de Dios por el pecado. Solo lo podía hacer el Cordero perfecto. Él es el sacrificio* perfecto y el último que se haría por el pecado:

> Porque si por la transgresión de uno, por este reinó la muerte, mucho más reinarán en vida por medio de uno, Jesucristo, los que reciben la abundancia de la gracia* y del don de la justicia*. Así pues, tal como por una transgresión resultó la condenación de todos los hombres, así también por un acto de justicia* resultó la justificación* de vida para todos los hombres. Porque así como por la desobediencia de un hombre los muchos fueron constituidos pecadores, así también por la obediencia de uno los muchos serán constituidos justos.
>
> ROMANOS 5:17-19

En el Getsemaní, Jesús dijo con gran angustia: «Padre, si es tu voluntad, aparta de mí esta copa; pero no se haga mi voluntad, sino la tuya» (Lucas 22:42). Y en la cruz, justo antes de morir, Jesús dijo: «¡Consumado es! E inclinando la cabeza, entregó el espíritu» (Juan 19:30).

La frase «consumado es» en griego corresponde a una sola palabra que significa «cumplido está». Es decir, lo que Jesús quiso expresar fue que cumplió y terminó con todo lo que era la voluntad del Padre para que lo hiciera Él:

> Yo te glorifiqué en la tierra, habiendo terminado la obra que me diste que hiciera.
>
> JUAN 17:4

Lo más importante de esto es que la muerte de Cristo constituye el final definitivo de los sacrificios establecidos en Levítico:

> Pero cuando Cristo apareció *como* sumo sacerdote de los bienes futuros [...] y no por medio de la sangre de machos cabríos y de becerros, sino por medio de su propia sangre, entró al Lugar Santísimo una vez para siempre, habiendo obtenido redención* eterna.
>
> HEBREOS 9:11-12

Los sacrificios del Antiguo Testamento, que tenían valor limitado, se tenían que repetir sin cesar y se sustituyeron por una ofrenda perfecta y suficiente:

> Porque por una ofrenda Él ha hecho perfectos para siempre a los que son santificados.
>
> HEBREOS 10:14

El sacrificio* de Jesús, el Cordero perfecto, satisfizo al Padre. Estamos seguros que el Padre asintió y dijo también: «La deuda de pecado está saldada por completo y se satisfizo mi ira por el pecado».

LA MUERTE DEL HOMBRE

Todo ser vivo nace, crece, se reproduce y muere. En el orden natural, la muerte representa el final del ciclo vital. Sin embargo, no es en este sentido biológico como nos vamos a referir a la muerte, sino en la actitud de corazón que debe tener el que ha recibido a Cristo.

Morir no es dejar de vivir en el sentido físico

La muerte es la renuncia y el rechazo definitivo e irreversible en nosotros a todo lo que no está alineado con la voluntad de Dios y que corresponde a las manifestaciones de nuestra carne* cuando estábamos «muertos» en delitos y pecados.

> Y Él os dio vida a vosotros, que estabais muertos en vuestros delitos y pecados, en los cuales anduvisteis en otro tiempo según la corriente de este mundo, conforme

al príncipe de la potestad del aire, el espíritu que ahora
opera en los hijos de desobediencia, entre los cuales
también todos nosotros en otro tiempo vivíamos en las
pasiones de nuestra carne*, satisfaciendo los deseos de
la carne y de la mente, y éramos por naturaleza hijos de
ira, lo mismo que los demás.

EFESIOS 2:1-3

Jesús nos enseña que solo muriendo a nosotros por Él es la
manera en que vamos a tener la verdadera vida:

El que procure conservar su vida, la perderá; y el que la
pierda, la conservara.

LUCAS 17:33

El que ha hallado su vida, la perderá; y el que ha perdido
su vida *por mí causa*, la hallará.

MATEO 10:39, énfasis añadido

Morir no es matar la carne* porque la carne ya murió en la cruz

Sabiendo esto, que nuestro viejo hombre fue crucificado
con Él, para que nuestro cuerpo de pecado fuera destruido, a fin de que ya no seamos esclavos del pecado.

ROMANOS 6:6

Ese viejo hombre ya no tiene vida. Es más, ese estilo de vida
quedó en la cruz:

Con Cristo he sido crucificado, y ya no soy yo el que vive,
sino que Cristo vive en mí; y la vida que ahora vivo en la
carne*, la vivo por fe en el Hijo de Dios, el cual me amó
y se entregó a sí mismo por mí.

GÁLATAS 2:20

Todo esto se debe a que el ser humano, frágil e imperfecto,
contiene ahora un tesoro que es Cristo:

> Pero tenemos este tesoro en vasos de barro, para que la extraordinaria grandeza del poder sea de Dios y no de nosotros.
>
> 2 CORINTIOS 4:7

Así que morir es desechar, renunciar y desestimar la conducta que corresponden a las manifestaciones de la carne*, a nuestro yo. Es decir, morir y renunciar a nuestras metas, gustos, anhelos e intereses, si estos corresponden a las reacciones y a las conductas carnales de la vida antes de conocer al Señor y que están todavía arraigadas en nuestros corazones.

Morir es ir a la cruz ya que todos fuimos crucificados con Cristo

Cristo, con su muerte, nos muestra cómo debería ser de dolorosa, penosa y vergonzosa la muerte del hombre por su pecado. De esa manera se debería castigar nuestro viejo hombre y destruir nuestro cuerpo de pecado:

> Nuestro viejo hombre fue crucificado con Él, para que nuestro cuerpo de pecado fuera destruido, a fin de que ya no seamos esclavos del pecado.
>
> ROMANOS 6:6

> Con Cristo he sido crucificado.
>
> GÁLATAS 2:20

Usted debe ir cada día a la cruz confesando sus pecados, sus heridas y sus debilidades. De esta manera, va a morir a su yo y a su orgullo, y va a considerar al otro como más importante. Va a vencer los temores, las enfermedades, los hábitos pecaminosos y compulsivos y las adicciones. Esto solo se logra cuando muere a diario a sus angustias, a sus necesidades, a sus caprichos y a todo lo que le quita el gozo, lo cual es la manifestación de su relación con el Señor.

Así que llegó el momento de que diga: «Yo quiero eso. Yo quiero tener acceso al camino hacia Dios, al inmerecido regalo de Dios de la vida eterna y de la sanidad* del alma por medio de Jesucristo».

Luego, se hará estas preguntas: «¿Qué tengo que hacer? ¿Cómo puedo lograrlo? ¿Cómo puede suceder eso? ¿Cómo puedo dejar tanto dolor atrás? ¿Debo olvidarlo todo?».

Desde el punto de vista espiritual, la deuda se canceló y se pagó. Es más, ya no existe. Por lo tanto, podrá ir respondiendo a cada una de estas preguntas más adelante. Ahora bien, antes de seguir, le recomendamos que busque un compañero (o compañera) en este proceso*, según sea el caso, en el que tendrá el respaldo de oración y con el que podrá y deberá rendir cuentas en forma recíproca.

Este diseño de dos en dos es el diseño de Dios. Se trata de uno apoyando al otro y ambos apoyándose de forma mutua. De esa manera, se brindan el respaldo en todo sentido y, sobre todo, se rinden cuentas el uno al otro. Esto comenzó cuando el Señor, después de crear al hombre, dijo:

> No es bueno que el hombre esté solo; le haré una ayuda idónea.
>
> GÉNESIS 2:18

También lo vemos cuando Jesús envió a sus discípulos de dos en dos:

> Entonces llamó a los doce y comenzó a enviarlos de dos en dos.
>
> MARCOS 6:7

Desarrolle su proceso* con el respaldo y la seguridad que Dios le da en su Palabra:

> Más valen dos que uno solo, pues tienen mejor remuneración por su trabajo. Porque si uno de ellos cae, el otro levantará a su compañero; pero ¡ay del que cae cuando no hay otro que lo levante!
>
> ECLESIASTÉS 4:9-10

Este proceso* de restauración* no debe desarrollarlo solo. Los procesos llevados a cabo de forma individual indican orgullo y autosuficiencia. Tampoco deben hacerse en grupo. Los grupos son modelo* de la psicoterapia secular, no del diseño de Dios. Por eso vemos que la Biblia recomienda que no se hagan las cosas solos:

> Había un hombre solo, sin sucesor, que no tenía hijo ni hermano, sin embargo, no había fin a todo su trabajo. En verdad, sus ojos no se saciaban de las riquezas, y nunca se preguntó: ¿Para quién trabajo yo, y privo a mi vida del placer? También esto es vanidad y tarea penosa.
>
> ECLESIASTÉS 4:8

Si actúa solo, existen también los riesgos de los que nos advierte la Palabra:

> Digo a cada uno de vosotros que no piense más alto de sí que lo que debe pensar, sino que piense con buen juicio.
>
> ROMANOS 12:3

Por eso tenemos que rendir nuestra carne*, reconociendo lo que es y confesando nuestra iniquidad porque esta es la única forma de tener comunión unos con otros y lograr el perdón por medio de Cristo:

> Porque yo sé que en mí, es decir, en mi carne*, no habita nada bueno.
>
> ROMANOS 7:18

> Mas si andamos en la luz, como Él está en la luz, tenemos comunión los unos con los otros, y la sangre de Jesús su Hijo nos limpia de todo pecado. Si confesamos nuestros pecados, Él es fiel y justo para perdonarnos los pecados y para limpiarnos de toda maldad.
>
> 1 JUAN 1:7-9

Como vemos, el apóstol Juan nos recomienda que saquemos a la luz nuestros pecados a fin de ponerlos al descubierto. Este es un paso muy difícil, aunque no imposible, que es indispensable para seguir adelante hacia el arrepentimiento.

EL ARREPENTIMIENTO DE LOS PECADOS

Cuando hay arrepentimiento genuino en su corazón, debe confesar sus pecados. Para confesarlos debe proceder, en primer lugar, a reconocerlos con la dirección del Espíritu Santo. El verdadero arrepentimiento consiste primero en reconocer el pecado, tal y como lo vemos y sin encubrir nada, así como el Espíritu Santo se lo ha mostrado:

> Porque yo reconozco mis transgresiones, y mi pecado está siempre delante de mí.
>
> SALMO 51:3

En segundo lugar, cuando un sentimiento de tristeza muy profunda se anide en su corazón por la convicción de pecado, debe tomar la determinación de hacer algo y cambiar para no volver a pecar. Tenga en cuenta que el arrepentimiento no es lo mismo que el remordimiento.

El *remordimiento* es un sentimiento de pesar y culpa por lo que ha hecho y esto lo puede usar el acusador, el diablo. Así que tenga cuidado y no se quede allí. Por lo tanto, proceda al *arrepentimiento* que es una actitud, una determinación y una conducta encaminadas a no pecar más en el futuro:

> Crea en mí, oh Dios, un corazón limpio, y renueva un espíritu recto dentro de mí.
>
> SALMO 51:10

Antes de terminar este proceso*, usted mismo se dará cuenta que solo Dios puede concederle el arrepentimiento por todo lo que ha hecho y por todo lo que ha dejado de hacer. El verdadero arrepentimiento es un cambio de conducta después de decirse con dolor: «Mi pecado es contra Dios». Luego, el de proponerse lo siguiente: «No lo voy a hacer más».

> Que se arrepintiesen y se convirtiesen a Dios, haciendo obras dignas de arrepentimiento.
>
> HECHOS 26:20

Haced frutos dignos de arrepentimiento.

LUCAS 3:8

Por eso es que la Palabra de Dios nos alienta cuando nos dice:

Pero Dios, que es rico en misericordia, por causa del gran amor con que nos amó, aun cuando estábamos muertos en nuestros delitos, nos dio vida juntamente con Cristo.

EFESIOS 2:4-5

LA LIBERTAD Y EL CAMBIO

¿Desea sentirse libre y hacer cambios radicales? Si su arrepentimiento es verdadero, la misericordia de Dios comenzará a caer sobre su vida y producirá un primer resultado: La restauración* completa de su relación con Dios Padre. Entonces, su corazón se hará más sensible al pecado, tendrá sed de la Palabra de Dios, aumentará su deseo de orar y buscará el rostro de Dios cada día. Es más, anhelará su presencia.

Cada uno de nosotros merece la *muerte* como paga por el pecado, pero Jesús ocupó nuestro lugar. Yo merezco sufrir la misma *muerte*, no más ni menos dolorosa, pero el regalo de Dios es la vida eterna *por medio de Jesucristo*.

El Señor Jesucristo nos suplantó. Recibió la ira de Dios por nuestro pecado. Satisfizo las demandas justas de un Dios santo y justo. Pagó el precio que significa la paga del pecado y que requiere la vida de santidad que solo hubo en Él, a fin de que Dios pueda perdonarnos a usted y a mí.

Ya sabemos lo que trae el pecado y lo que hizo Dios para rescatarnos:

Porque la paga del pecado es muerte, pero la dádiva de Dios es vida eterna en Cristo Jesús Señor nuestro.

ROMANOS 6:23

Al que no conoció pecado, por nosotros lo hizo pecado, para que nosotros fuésemos hecho justicia* de Dios en Él.

1 CORINTIOS 5:21

Jesús murió una sola vez

A diferencia de los corderos que los sacerdotes del Antiguo Testamento sacrificaban por los pecados, Jesús murió una sola vez y para siempre. Además, lo hizo para que nosotros hagamos lo mismo cuando nos vernos en la posición de Cristo:

> Porque por cuanto Él murió, murió al pecado de una vez para siempre; pero en cuanto vive, vive para Dios.
>
> ROMANOS 6:10

Este fue su ejemplo, así que por el sacrificio* de Cristo, que fue uno y para siempre, usted debe ir todos los días a la cruz para morir a su cuerpo de pecado de modo que ya no sea esclavo del pecado y viva con Él:

> Porque el que ha muerto, ha sido libertado del pecado. Y si hemos muerto con Cristo, creemos que también viviremos con Él.
>
> ROMANOS 6:7-8

Hay que vivir cada día a plenitud. A fin de lograrlo, usted debe morir a su naturaleza pecaminosa y arrepentirse de las debilidades e imperfecciones de su carne*. Por eso es que cada día debe imitar a Jesucristo que, a pesar de que se vio cara a cara con el diablo, no logró que sucumbiera a la tentación. Por lo tanto, nunca se halló pecado en Él. Es por eso que, por medio del Señor Jesucristo, podemos tener el perdón de pecados si nos arrepentimos y acudimos a Él.

¿Sabe qué significa que le perdonen su pecado? Que ningún error cometido se puede presentar en su contra y que ya somos libres del pecado:

> Habiendo cancelado el documento de deuda que consistía en decretos contra nosotros y que nos era adverso, y lo ha quitado de en medio, clavándolo en la cruz. Y habiendo despojado a los poderes y autoridades, hizo de ellos un espectáculo público, triunfando sobre ellos por medio de Él.
>
> COLOSENSES 2:14-15

Porque el pecado no se enseñoreara de vosotros; pues no estáis bajo la ley, sino bajo la gracia*.

ROMANOS 6:14

La deuda ya se canceló en lo espiritual

Aunque la deuda se canceló desde el punto de vista espiritual, su parte emocional y en su ser natural de hombre imperfecto sigue atado a su carne*. Por lo tanto, debe pensar en esto constantemente:

Si el grano de trigo no cae en tierra y muere, queda él solo; pero si muere, produce mucho fruto.

JUAN 12:24

Lo que tú siembras no llega a tener vida si antes no muere.

1 CORINTIOS 15:36

La muerte es ganancia

Usted debe entender que si hoy renuncia en verdad a su pasado y persevera en esa decisión, esa es la única forma en que podrá dar fruto en su vida y lograr que el fruto permanezca. Así que, Dios lo invita a que renuncie hoy a sus ambiciones, anhelos y metas personales. En otras palabras, desea que renuncie a vivir conforme a su voluntad para hacer las cosas con libertad. Desea que rinda su vida sin ninguna presión y que se niegue a usted mismo, como les pidió Jesús a sus discípulos:

Si alguno quiere venir en pos de mí, niéguese a sí mismo, tome su cruz y sígame.

MATEO 16:24

Esto lo debe hacer declarándole a su yo altivo, orgulloso y autosuficiente que usted va a obedecer a Dios siguiendo el modelo* de Jesús:

Porque el que quiera salvar su vida, la perderá; pero el que pierda su vida por causa de mí, la hallará.

MATEO 16:25

Esto no quiere decir que va a sufrir la muerte física, sino que va a morir a su yo para hallar la verdadera vida que es en Cristo:

Pues para mí, el vivir es Cristo y el morir es ganancia.

FILIPENSES 1:21

Cristo murió para lograr el perdón de los pecados. Nosotros morimos a nuestro viejo hombre. Sin embargo, nada de esto tendría sentido si Cristo no resucita y nosotros con Él. En la próxima semana vamos a recibir revelación* de la resurrección.

LA RESURRECCIÓN

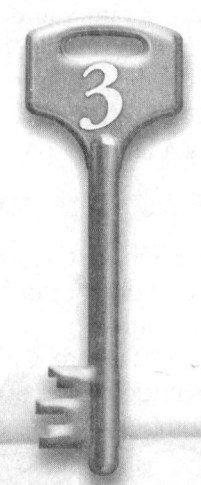

PERO SI EL ESPÍRITU DE AQUEL
QUE RESUCITÓ A JESÚS DE ENTRE
LOS MUERTOS HABITA EN VOSOTROS,
EL MISMO QUE RESUCITÓ A CRISTO JESÚS
DE ENTRE LOS MUERTOS, TAMBIÉN
DARÁ VIDA A VUESTROS CUERPOS
MORTALES POR MEDIO DE SU ESPÍRITU
QUE HABITA EN VOSOTROS.

ROMANOS 8:11

LA RESURRECCIÓN

Mediante la resurrección de Cristo, el Padre celestial nos garantiza la resurrección a todos nosotros, sus hijos. Solo quien murió por nosotros y a quien levantaron de entre los muertos por el poder de Dios, dejando la tumba vacía, puede levantarnos de la muerte adonde nos llevó el pecado y darnos la verdadera vida. La resurrección de Cristo viene a ratificar, a confirmar y a darle forma irrefutable al fundamento y a la razón por los cuales tenemos una nueva y verdadera vida:

> Ahora bien, si se predica que Cristo ha resucitado de entre los muertos, ¿cómo dicen algunos entre vosotros que no hay resurrección de muertos? Y si no hay resurrección de muertos, *entonces* ni siquiera Cristo ha resucitado; y si Cristo no ha resucitado, vana es entonces nuestra predicación, y vana también vuestra fe.
>
> 1 Corintios 15:12-14

LA RESURRECCIÓN DE CRISTO

La resurrección de Cristo es el acontecimiento más importante que registra la Biblia sobre la vida de Jesús. Además, es el más significativo para la manifestación del poder de Dios y la realización plena de su plan redentor. Cuando Cristo resucita, evidencia en forma indiscutible el poder infinito de Dios que vence a la muerte.

En realidad, vimos que un Dios santo derramó su ira sobre su Hijo inocente a fin de que nosotros recibiéramos el perdón:

> Al que no conoció pecado, le hizo pecado por nosotros, para que fuéramos hechos justicia* de Dios en Él.
>
> 2 CORINTIOS 5:21

QUÉ ES «RESURRECCIÓN»

«Resurrección» no es lo mismo que «resucitación». Esta última es la acción de traer de nuevo a la vida, con maniobras y medios adecuados, a los seres vivos en estado de muerte aparente o real. En el caso de que sea real, tiene que ser solo después de unos pocos minutos, de modo que no haya daños irreversibles. Sin embargo, una maniobra de esta naturaleza lo único que logra es devolver ese ser a la misma vida que tenía antes, para continuar envejeciendo, enfermando, sufriendo, recogiendo los frutos de las mismas imperfecciones que lo caracterizan, y padeciendo las mismas aflicciones y angustias de siempre.

Ahora pasemos a considerar qué es la resurrección, cuál es su importancia y qué significa para nosotros, los hijos de Dios.

Debemos decir primero que *resurrección* es, por antonomasia*, la *resurrección de Jesucristo*. Jesús les anunció a sus discípulos con anticipación acerca de su muerte y posterior resurrección. Así lo declaró tres veces. Pedro, por revelación* del Espíritu santo le dijo a Jesús que Él era el Cristo y este le pidió que no se lo dijera a nadie. Después, habló con sus discípulos al respecto:

> Desde entonces Jesucristo comenzó a declarar a sus discípulos que debía ir a Jerusalén y sufrir muchas cosas de parte de los ancianos, de los principales sacerdotes y de los escribas, y ser muerto, y *resucitar* al tercer día.
>
> MATEO 16:21, énfasis añadido

Cuando subía a Jerusalén, les dijo a sus discípulos en el camino:

> He aquí, subimos a Jerusalén, y el Hijo del Hombre será entregado a los principales sacerdotes y escribas, y le condenarán a muerte; y le entregarán a los gentiles para burlarse de Él, azotarle y crucificarle, y al tercer día *resucitará*.
>
> MATEO 20:18-19, énfasis añadido

Si queremos entender de verdad el significado de la resurrección de Cristo, es necesario admitir primero que Él murió en realidad debido a que su muerte era necesaria. Jesús lo afirmo así a sus discípulos:

> En verdad, en verdad os digo que si el grano de trigo no cae en tierra y muere, queda él solo; pero si muere, produce mucho fruto.
>
> JUAN 12:24

Asimismo, el apóstol Pablo se lo dice a los corintios cuando habla de la gloria del cuerpo resucitado:

> Lo que tú siembras no llega a tener vida si antes no muere.
>
> 1 CORINTIOS 15:36

LAS PRUEBAS DE LA MUERTE DE JESÚS

Cuando hablamos de la resurrección de Cristo, es fundamental admitir que Él murió en realidad. Así que, en la Biblia encontramos una declaración expresa acerca de la muerte de Jesús:

> Y Jesús, clamando a gran voz, dijo: Padre, EN TUS MANOS ENCOMIENDO MI ESPÍRITU. Y habiendo dicho esto, *expiró*.
>
> LUCAS 23:46, énfasis añadido

En aquella época, se acostumbraba a quebrarles las piernas a los crucificados. De esta manera lograban acelerarles la muerte por asfixia. Así que los soldados romanos comprobaron la muerte de Jesús cuando fueron a cumplir la orden de quebrarle las piernas:

> Pero cuando llegaron a Jesús, como vieron que ya estaba *muerto*, no le quebraron las piernas.
>
> JUAN 19:34, énfasis añadido

> Y cuando habían cumplido todo lo que estaba escrito acerca de Él, le bajaron de la cruz y le pusieron en un sepulcro.
>
> HECHOS 13:29

No queda entonces ningún vacío de información ni duda alguna para afirmar en forma categórica que Jesucristo murió en verdad. De esa manera, es posible desmentir los argumentos de quienes negaron su muerte entonces y los argumentos de quienes la niegan hoy, es decir, los humanistas.

LAS PRUEBAS DE LA RESURRECCIÓN DE JESÚS

Debido a que Jesús murió en realidad, podemos decir que también resucitó de verdad. Por lo tanto, venció a la muerte.

Primera prueba: La tumba vacía

Esta es la primera prueba que narra la Biblia y de la que dan fe los testigos oculares:

> Pero el primer día de la semana, al rayar el alba, las mujeres vinieron al sepulcro [...] y cuando entraron, no hallaron el cuerpo del Señor Jesús.
>
> LUCAS 24:1, 3

> Un ángel del Señor descendiendo del cielo, y acercándose, removió la piedra y se sentó sobre ella [...] Y hablando el ángel, dijo a las mujeres: Vosotras, no temáis; porque yo sé que buscáis a Jesús, el que fue crucificado. No está aquí, porque *ha resucitado*, tal como dijo.
>
> MATEO 28:2, 5-6, énfasis añadido

> Pasado el día de reposo, María Magdalena, María, la madre de Jacobo, y Salomé [...] llegaron al sepulcro cuando el sol ya había salido [...] Y entrando en el sepulcro, vieron a un joven sentado al lado derecho, vestido con ropaje blanco; y ellas se asustaron. Pero él les dijo: No os asustéis; buscáis a Jesús nazareno, el crucificado. *Ha resucitado*.
>
> MARCOS 16:1-2, 5-6, énfasis añadido

> ¿Por qué buscáis entre los muertos al que vive? No está aquí, sino que *ha resucitado*. Acordaos cómo os habló cuando estaba aún en Galilea, diciendo que el Hijo del Hombre debía ser entregado en manos de hombres pecadores, y ser crucificado, y al tercer día *resucitar*.
>
> LUCAS 24:5-7, énfasis añadido

Segunda prueba: Los lienzos y el sudario

La segunda prueba la tenemos en los lienzos y el sudario dejados en orden debido a que el cuerpo sin vida salió de aquello que lo contenía:

> Las envolturas de lino puestas allí, y el sudario que había estado sobre la cabeza de Jesús, no puesto con las envolturas de lino, sino enrollado en un lugar aparte.
>
> JUAN 20:6-7

Para sus discípulos, tal vez no estuviera muy claro lo que estaba ocurriendo, pues es evidente que no esperaban esto. Estaban desanimados y tristes por completo. Incluso, había escepticismo y desesperanza:

> Los que habían estado con Él [...] estaban lamentándose y llorando.
>
> MARCOS 16:10

Las primeras mujeres que lo supieron se lo comentaron a los discípulos y, aunque les dieron la buena nueva, no les creyeron:

> Cuando ellos oyeron que Él estaba vivo y que ella [María Magdalena] le había visto, se negaron a creerlo.
>
> MARCOS 16:11

> Eran María Magdalena y Juana y María, la *madre* de Jacobo; también las demás *mujeres* con ellas referían estas cosas [la resurrección de Cristo] a los apóstoles. Y a ellos estas palabras les parecieron como disparates, y no las creyeron.
>
> LUCAS 24:10-11

Tercera prueba: Su aparición a los discípulos

La tercera prueba la tenemos en que Jesús se les apareció primero a sus discípulos:

> Después de esto, se apareció en forma distinta a dos de ellos cuando iban de camino al campo.
>
> MARCOS 16:12

A pesar de su aparición a los discípulos, era mucho el escepticismo que tenían:

Y estos fueron y se lo comunicaron a los demás, pero a ellos tampoco les creyeron.

MARCOS 16:13

Después se apareció a los once mismos cuando estaban sentados a la mesa, y los reprendió por su incredulidad y dureza de corazón, porque no habían creído a los que le habían visto resucitado.

MARCOS 16:14

Ese mismo día, Jesús se les apareció de nuevo a sus discípulos incrédulos y llenos de temor:

Entonces, al atardecer de aquel día, el primero de la semana, y estando cerradas las puertas del lugar donde los discípulos se encontraban por miedo a los judíos, Jesús vino y se puso en medio de ellos, y les dijo: Paz a vosotros.

JUAN 20:19

Luego, cuando comprobaron la veracidad de todo lo que se profetizó respecto a la muerte y resurrección del Señor, creyeron.

CARACTERÍSTICAS DE LA RESURRECCIÓN DE JESUCRISTO

Pasemos ahora a analizar los aspectos que caracterizaron la resurrección del Señor. Si los tenemos en cuenta, de seguro comprenderemos todo lo que esto encierra. Veamos, la resurrección de Jesucristo...

Es diferente a las resurrecciones de las personas que se narran en la Biblia

En la Biblia hallamos el recuento de varias personas que, después de morir, volvieron a la vida en formas diferentes por completo a la de Cristo:

- El hijo de la viuda de Sarepta (1 Reyes 17:19-23).

- La hija de Jairo (Mateo 9:25; Marcos 5:35-42; Lucas 8:49-55).

- El hijo de la viuda de Naín (Lucas 7:11-15).

- La resurrección de Lázaro. Este salió del sepulcro envuelto en los lienzos y el sudario y hubo que desatarlo: «Y el que había muerto salió, los pies y las manos atados con vendas, y el rostro envuelto en un sudario. Jesús les dijo: Desatadlo, y dejadlo ir» (Juan 11:44).

- La resurrección de muchos santos que ocurrieron cuando murió Jesús: «Y los sepulcros se abrieron, y los cuerpos de muchos santos que habían dormido resucitaron» (Mateo 27:52).

- La resurrección de Dorcas en Jope, después de la resurrección de Jesús: «Mas Pedro, haciendo salir a todos, se arrodilló y oró, y volviéndose al cadáver, dijo: Tabita, levántate. Y ella abrió los ojos, y al ver a Pedro, se incorporó» (Hechos 9:40).

- La resurrección del joven Eutico en Troas: «*Eutico* fue cayendo en un profundo sueño hasta que, vencido por el sueño, cayó desde el tercer piso y lo levantaron muerto. Pero Pablo bajó y se tendió sobre él, y después de abrazarlo, dijo: No os alarméis, porque está vivo» (Hechos 20:9-10).

Estas personas volvieron a la vida para después de vivir un tiempo tener que morir de nuevo.

Jesucristo resucitó y lo hizo para no morir jamás

Dios, por medio de su Espíritu Santo, levantó a Jesús de entre los muertos. Además, después que le levantaron de la muerte, venció todo el poder de la muerte:

Sabiendo que Cristo, habiendo resucitado de entre los muertos, no volverá a morir; ya la muerte no tiene dominio sobre Él.

ROMANOS 6:9

El apóstol Pablo hace énfasis en que Cristo resucitó para no ver más corrupción y lo hace citando las Escrituras en los Salmos y estableciendo la diferencia:

Y en cuanto a que le resucitó de entre los muertos para nunca más volver a corrupción [...] NO PERMITIRÁS QUE TU SANTO VEA CORRUPCIÓN.

HECHOS 13:34-35

Tú no abandonarás mi alma en el Seol, ni permitirás a tu Santo ver corrupción.

SALMO 16:10

Pero aquel a quien Dios resucitó no vio corrupción.

HECHOS 13:37

En fin, debido a que Jesús resucitó en realidad, los lienzos y el sudario quedaron en el sepulcro que no lo pudo contener.

Las barreras físicas no lo pudieron detener

Esto lo comprobamos cuando vemos que el cuerpo resucitado y glorioso de Cristo no estaba sujeto a las leyes de la gravedad y de la impenetrabilidad:

Estando cerradas las puertas del lugar donde los discípulos se encontraban por miedo a los judíos, Jesús vino y se puso en medio de ellos, y les dijo: Paz a vosotros [...] Ocho días después, sus discípulos estaban otra vez dentro, y Tomás con ellos. Y estando las puertas cerradas, Jesús vino y se puso en medio de ellos, y dijo: Paz a vosotros.

JUAN 20:19, 26

Jesucristo resucitó en un cuerpo glorioso

La evidencia de esto la tenemos en la descripción que hace Juan de la visión que tuvo cuando estaba en la isla de Patmos:

Vi a uno semejante al Hijo del Hombre, vestido con una túnica que le llegaba hasta los pies y ceñido por el pecho con un cinto de oro. Su cabeza y sus cabellos eran blancos como blanca lana, como nieve; sus ojos eran como llama de fuego; sus pies semejantes al bronce bruñido cuando se le ha hecho refulgir en el horno, y su voz como el ruido de muchas aguas. En su mano derecha tenía siete estrellas, y de su boca salía una aguda espada de dos filos; su rostro era como el sol cuando brilla con toda su fuerza.

APOCALIPSIS 1:13-16

QUIÉN RESUCITÓ A JESUCRISTO

Para dar respuesta a esta pregunta, veamos lo que Pedro les declara a los israelitas:

Y disteis muerte al Autor de la vida [Jesucristo], al que *Dios resucitó* de entre los muertos, de lo cual nosotros somos testigos.

HECHOS 3:15, énfasis añadido

De igual manera, le habla a un grupo de gentiles en Cesarea y le dice:

Y también le dieron muerte [a Jesús de Nazaret], colgándole en una cruz. A este *Dios le resucitó* al tercer día [...] [y] comimos y bebimos con Él después que resucitó de los muertos.

HECHOS 10:39-41, énfasis añadido

También el apóstol Pablo lo afirma a los gálatas:

Pablo, apóstol (no de parte de hombres ni mediante hombre alguno, sino por medio de Jesucristo y de Dios el Padre que le *resucitó* de entre los muertos).

GÁLATAS 1:1, énfasis añadido

Asimismo, en su discurso en Antioquía de Pisidia, Pablo habla de Jesús y dice:

Le bajaron de la cruz y le pusieron en un sepulcro. Pero *Dios le levantó* de entre los muertos y por muchos días se apareció a los que habían subido con Él de Galilea a Jerusalén.

HECHOS 13:29-31, énfasis añadido

Y nosotros os anunciamos la buena nueva de que la promesa hecha a los padres, *Dios* la ha cumplido a nuestros hijos al *resucitar* a Jesús.

HECHOS 13:32-33, énfasis añadido

PARA QUÉ RESUCITÓ JESUCRISTO

Respondamos esta pregunta con una serie de afirmaciones que nos muestran el valor que tiene para cada uno de nosotros la resurrección de Jesús.

Para ofrecer el perdón de los pecados

La muerte de Jesús, siendo el sacrificio* del Cordero sin mancha, no hubiera sido suficiente para que Dios lo aceptara como sacrificio* expiatorio. Si Él hubiera permanecido muerto, también nosotros estaríamos muertos y no tendríamos el perdón de nuestros pecados:

Levantó de los muertos a Jesús nuestro Señor, el cual fue entregado por causa de nuestras transgresiones y resucitado por causa de nuestra justificación*.

ROMANOS 4:24-25

Por lo tanto, era necesaria la resurrección para que la justificación* fuera completa:

Así pues, tal como por una transgresión resultó la condenación de todos los hombres, así también por un acto de justicia* resultó la justificación* de vida para todos los hombres.

ROMANOS 5:18

Para ofrecer salvación a todo el que cree en Él

Solo por la fe y por la declaración de la resurrección de Cristo tenemos salvación*:

Si confiesas con tu boca a Jesús por Señor, y crees en tu corazón que Dios le resucitó de entre los muertos, serás salvo. Porque con el corazón se cree para justicia*, y con la boca se confiesa para salvación*.

ROMANOS 10:9-10

De igual manera, nosotros tenemos también ese regalo de vida:

Por medio de Él, todo aquel que cree es justificado.

HECHOS 13:39

Para vencer a la muerte

La resurrección de Cristo venció la muerte. Así que la tumba no lo pudo retener y, como resultado, su victoria sobre la muerte fue total:

Sabiendo que Cristo, habiendo resucitado de entre los muertos, no volverá a morir; ya la muerte *no tiene dominio* sobre Él.

ROMANOS 6:9, énfasis añadido

DEVORADA HA SIDO LA MUERTE en victoria. ¿DÓNDE ESTÁ, OH MUERTE, TU VICTORIA? ¿DÓNDE, OH SEPULCRO, TU AGUIJÓN?

1 CORINTIOS 15:54-55

Para no morir jamás y para que creamos

A decir verdad, Jesús murió porque fue verdadero hombre como usted y como yo. Sin embargo, no volverá a morir nunca más:

Sabiendo que Cristo, habiendo resucitado de entre los muertos, *no volverá a morir*; ya la muerte no tiene dominio sobre Él.

ROMANOS 6:9

Y en cuanto a que le resucitó de entre los muertos para nunca más volver a corrupción [...] NO PERMITIRÁS QUE TU SANTO VEA CORRUPCIÓN.

HECHOS 13:34-35

Pero aquel a quien Dios resucitó no vio corrupción.

HECHOS 13:37

Para hacernos partícipes de la vida en gloria

Jesús murió para pagar por nuestros pecados. Luego, resucitó para vencer a la muerte. Nada de esto habría tenido sentido si no nos hubiera hecho partícipes de los beneficios de su sacrificio* y su resurrección. Para eso fue que el Padre dio a su Hijo unigénito:

> Porque de tal manera amó Dios al mundo, que dio a su Hijo unigénito, para que todo aquel que cree en Él, no se pierda, mas tenga vida eterna.
>
> JUAN 3:16

Además, Cristo resucitó para darnos la verdadera vida:

> Mas ahora Cristo ha resucitado de entre los muertos [...] Porque ya que la muerte entró por un hombre, también por un hombre vino la resurrección de los muertos. Porque así como en Adán todos mueren, también en Cristo todos serán vivificados.
>
> 1 CORINTIOS 15:20-22

Si morimos con Cristo, tendremos con Él participación en la gloria de su resurrección:

> Así es también la resurrección de los muertos [...] se siembra en deshonra, se resucita en gloria; se siembra en debilidad, se resucita en poder.
>
> 1 CORINTIOS 15:42-43

Con Cristo resucitamos para tener acceso a la vida que el Padre nos quiere dar:

> Y Él os dio vida a vosotros, que estabais muertos en vuestros delitos y pecados [...] Pero Dios, que es rico en misericordia, por causa del gran amor con que nos amó, aun cuando estábamos muertos en nuestros delitos, nos dio vida juntamente con Cristo [...] y con Él nos resucitó y con Él nos sentó en los lugares celestiales en Cristo Jesús.
>
> EFESIOS 2:1, 4-6

En nuestra condición de creyentes, no podemos continuar viviendo al margen de lo que Cristo nos ganó con su muerte y su resurrección:

> Así también está escrito: El primer HOMBRE, Adán, FUE HECHO ALMA VIVIENTE. El último Adán [Cristo], espíritu que da vida.
>
> 1 CORINTIOS 15:45

LA RESURRECCIÓN EN EL HOMBRE

La resurrección de Cristo es auténtica y verdadera. La podemos aceptar por fe y la podemos verificar por lo establecido en la Biblia. Sin embargo, en algunos momentos, no deja de parecer como algo ajeno a nosotros, algo que solo corresponde a la naturaleza de Cristo, pues Él es Dios hecho hombre y debido a que había un propósito en su resurrección. Aun así, hay una gran revelación* en esto y es que Jesús murió en realidad y, con Él, nosotros morimos también:

> Sabiendo esto, que nuestro viejo hombre fue crucificado con Él, para que nuestro cuerpo de pecado fuera destruido, a fin de que ya no seamos esclavos del pecado.
>
> ROMANOS 6:6

Además, como Jesús murió en realidad para después resucitar porque el Padre lo levantó de entre los muertos, nosotros, que también morimos con Cristo, vamos a resucitar de entre los muertos y a tener nueva vida en Él:

> Porque si hemos sido unidos a Él en la semejanza de su muerte, ciertamente lo seremos también en la semejanza de su resurrección.
>
> ROMANOS 6:5

> Con Cristo he sido crucificado, y ya no soy yo el que vive, sino que Cristo vive en mí; y la vida que ahora vivo en la carne*, la vivo por fe en el Hijo de Dios, el cual me amó y se entregó a sí mismo por mí.
>
> GÁLATAS 2:20

Hemos sido sepultados con Él por medio del bautismo para muerte, a fin de que como Cristo resucitó de entre los muertos por la gloria del Padre, así también nosotros andemos en novedad de vida.

ROMANOS 6:4

La manifestación de la gracia de Dios en la resurrección

El Padre celestial le dio a Jesús el castigo por nuestros pecados, y ese castigo no se lo merecía. Ahora, Él nos ha dado a nosotros algo que tampoco merecemos: *Su gracia**. Dios nos da su gracia* sin haberla ganado, pues no somos merecedores de ella, sino por el mérito del sacrificio* de Cristo. Además, la preciosa gracia* de Dios nos cambia por completo. De modo que cuando usted cree que Cristo resucitó en realidad, acepta su resurrección y participa de ella, tiene cambios extraordinarios en su vida:

Habiendo sido sepultados con Él en el bautismo, en el cual también habéis resucitado con Él por la fe en la acción del poder de Dios, que le resucitó de entre los muertos.

COLOSENSES 2:12

Fíjese en el cambio que ocurrió en los discípulos cuando fueron del temor que los hizo esconderse en un cuarto, al entusiasmo, el valor y el denuedo que demostraron y que determinó al final la propagación del evangelio por todo el mundo. ¿Qué pudo haber explicado este cambio tan extraordinario en ellos? Solo la experiencia de haber visto a Jesucristo resucitado y recibir después al Espíritu Santo.

La resurrección de Cristo es la que pone fin a los interminables e infructuosos esfuerzos por lograr la salvación* (sanidad* y restauración*) del alma por su cuenta. Esta salvación* ya se ganó en la cruz:

Mas Él fue herido por nuestras transgresiones, molido por nuestras iniquidades. El castigo, por *nuestra paz*, cayó sobre Él, y por sus heridas hemos sido *sanados*.

ISAÍAS 53:5, énfasis añadido

Morimos con Cristo a nuestros delitos y pecados, y es precisamente con Él que resucitamos a *la vida en gloria que Él nos vino a dar.*

Mas ahora Cristo ha *resucitado* de entre los muertos, primicias de los que durmieron. Porque ya que la muerte entró por un hombre, también por un hombre vino la *resurrección* de los muertos. Porque así como en Adán todos mueren, también en Cristo todos serán vivificados.

1 CORINTIOS 15:20-22, énfasis añadido

Por la resurrección de Cristo es que tenemos comunión con el Padre y gozamos de sus bendiciones después de morir y resucitar con Él:

Que el Cristo había de padecer, y que *por motivo de su resurrección* de entre los muertos, Él debía ser el primero en proclamar luz tanto al pueblo judío como a los gentiles.

HECHOS 26:23, énfasis añadido

Busquemos entonces el Reino de Dios seguros de dónde está nuestra vida:

Si habéis, pues, *resucitado* con Cristo, buscad las cosas de arriba, donde está Cristo sentado a la diestra de Dios [...] Porque habéis muerto, y vuestra vida está escondida con Cristo en Dios.

COLOSENSES 3:1, 3, énfasis añadido

El fruto de la resurrección de Cristo

Cuando hablamos del fruto de la resurrección de Cristo, podemos decir que es el regalo de la gracia* de Dios que se nos ha dado. El hecho de haber recibido a Cristo como Señor y Salvador, y de ser así hijos de Dios, no impidió que muchos de nosotros hubiéramos tenido esferas de nuestra vida en las que aún no se había manifestado el fruto de la resurrección de Cristo: La gracia* que se nos ha dado.

Somos un cuerpo sobre el que Dios declaró vida, y por eso ya rendimos nuestra vida en los procesos de humillación* y muerte.

Por habernos humillado, y por haber muerto, podemos venir ahora ante el Padre celestial y declarar en nuestras vidas el fruto del regalo de la gracia* de Dios: *La justificación*, la salvación*, la redención, la liberación y la reconciliación.*

1. La justificación

Nuestro Padre celestial nos hizo inocentes de nuestros pecados mediante la propiciación ofrecida por el derramamiento de la sangre de Cristo:

> A quien Dios exhibió públicamente como propiciación por su sangre a través de la fe, como demostración de su justicia*, porque en su tolerancia, Dios pasó por alto los pecados cometidos anteriormente.
>
> ROMANOS 3:25

Por eso ya estamos libres de la ira de Dios:

> Porque la ira de Dios se revela desde el cielo contra toda impiedad e injusticia* de los hombres, que con injusticia* restringen la verdad.
>
> ROMANOS 1:18

Además, mediante la fe, permanecemos libres de toda carga de pecado:

> Como los que creen en aquel que levantó de los muertos a Jesús nuestro Señor, el cual fue entregado por causa de nuestras transgresiones y resucitado por causa de nuestra justificación*.
>
> ROMANOS 4:24-25

2. La salvación

La esperanza en la salvación* que ya se consumó constituye para nosotros un motivo especial de gozo y de gloria:

Y no solo esto, sino que también nos gloriamos en Dios por medio de nuestro Señor Jesucristo, por quien ahora hemos recibido la reconciliación.

ROMANOS 5:11

De modo que ahora ya nos gloriamos en Dios, pues recibimos la reconciliación. La reconciliación que Dios proveyó en el Calvario ya es nuestra y se nos ha aplicado mediante la fe por medio de nuestro Señor Jesucristo.

3. La redención

En Cristo tenemos redención* por su sangre. Él pagó nuestro rescate y en Él tenemos el perdón de nuestros pecados. ¿Puede entender esto? La redención* es la que nos ha exonerado de tener que experimentar la ira de Dios:

Porque Él nos libró del dominio de las tinieblas y nos trasladó al reino de su Hijo amado, en quien tenemos redención*: el perdón de pecados.

COLOSENSES 1:13-14

Dios está aplacado con nosotros y por ello ahora podemos, en libertad plena, «esperar de los cielos a su Hijo, al cual resucitó de entre los muertos, es decir, a Jesús, quien nos libra de la ira venidera» (1 Tesalonicenses 1:10).

4. La liberación

Cristo rompió las cadenas que nos ataban al pasado de muerte y cautividad. Ya todo quedó atrás y no es parte de nuestra vida. Cristo nos liberó:

De modo que si alguno está en Cristo, nueva criatura es; las cosas viejas pasaron; he aquí, son hechas nuevas.

2 CORINTIOS 5:17

Las cosas del pasado dejaron de ser porque Cristo perdonó nuestros pecados con su muerte y con su resurrección triunfó sobre la muerte y nos ha dado una nueva vida en Él:

Y cuando estabais muertos en vuestros delitos y en la incircuncisión de vuestra carne*, os dio vida juntamente con Él, habiéndonos perdonado todos los delitos, habiendo cancelado el documento de deuda que consistía en decretos contra nosotros y que nos era adverso, y lo ha quitado de en medio, clavándolo en la cruz. Y habiendo despojado a los poderes y autoridades, hizo de ellos un espectáculo público, triunfando sobre ellos por medio de Él.

COLOSENSES 2:13-15

Por lo tanto, ahora vivimos bajo la gracia* y libres del pecado que no nos subyugará más:

Porque el pecado no tendrá dominio sobre vosotros, pues no estáis bajo la ley sino bajo la gracia*.

ROMANOS 6:14

5. La reconciliación
El sacrificio* de Cristo en la cruz nos reconcilia con Dios y su resurrección nos lleva a una vida plena y abundante:

Porque si cuando éramos enemigos fuimos reconciliados con Dios por la muerte de su Hijo, mucho más, habiendo sido reconciliados, seremos salvos por su vida.

ROMANOS 5:10

De la misma forma que Cristo nos reconcilió con el Padre, nos reconcilió de manera horizontal derribando las paredes que nos separaban a unos de otros:

Él mismo es nuestra paz, quien de ambos pueblos [judíos y gentiles] hizo uno, derribando la pared intermedia de separación.

Efesios 2:14

Asimismo, reconcilió a todos los creyentes que ahora son un solo pueblo ante Dios:

Y para reconciliar con Dios a los dos en un cuerpo por medio de la cruz, habiendo dado muerte en ella a la enemistad.

EFESIOS 2:16

La gracia* nos reconcilia y nos hace uno en Cristo. Es decir, tenemos un nuevo corazón hacia los demás como resultado de la nueva relación que adquirimos con Dios. Ahora podemos amar a otros porque Dios nos amó primero. Somos uno en Cristo y en Él tenemos acceso al Padre:

Porque por medio de Él los unos y los otros tenemos nuestra entrada al Padre en un mismo Espíritu.

EFESIOS 2:18

Como resultado de esto, se manifiesta en nosotros el poder del Espíritu que resucitó a Jesús:

Pero si el Espíritu de aquel que resucitó a Jesús de entre los muertos habita en vosotros, el mismo que resucitó a Cristo Jesús de entre los muertos, también dará vida a vuestros cuerpos mortales por medio de su Espíritu que habita en vosotros.

ROMANOS 8:11

Como hijo de Dios, usted puede recibir el regalo de la gracia* de Dios y el fruto de la resurrección de Cristo que acabamos de ver: *La justificación*, la salvación*, la redención, la liberación y la reconciliación*. Así que le invito a que le pida al Espíritu Santo que le dé la revelación* de la resurrección de Cristo en usted. Ahora ya sabe que Cristo resucitó en realidad y que el poder de Dios lo levantó de la muerte. Así que puede entonces abrazar, acoger y hacer real, con seguridad y confianza, la promesa de una vida en gloria que es para usted en Cristo.

Para finalizar, lo invitamos a orar con la Palabra de Dios, a fin de que el Espíritu Santo le dé la revelación* de la *nueva vida*, la vida que Cristo nos vino a dar y aún no la disfruta: *La vida en gloria* que es solo en Cristo para que viva, la ministre a sus semejantes y luego devuelva la gloria al Único que es digno de recibir alabanza, gloria y poder.

> *Ahora, si he muerto juntamente con Cristo, estoy seguro que voy a vivir con Él, y esto es porque sé que Cristo, el Ungido, el que fue levantado de entre los muertos, no va a volver a morir porque la muerte ya no tiene ningún poder sobre Él. Debido a la muerte que Él tuvo, murió al pecado, terminando nuestra relación con el pecado cuando Él se hizo pecado por nosotros; y esto fue una vez y para siempre. Y la vida que Él vive ahora, al estar viviendo para Dios en una constante comunión con el Padre celestial, es la vida que vivo yo. Por eso «yo mismo» me considero muerto al pecado y mi relación con el pecado está definitivamente rota, pues me considero vivo para Dios mediante la vida de una comunión plena con Él que es en Cristo Jesús.*

(Paráfrasis de los autores basada en Romanos 6:8-11).

LA VIDA GLORIOSA

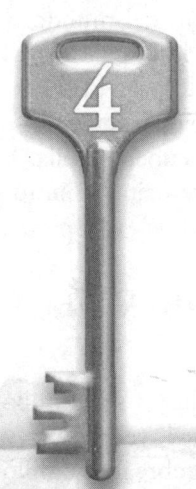

PERO NOSOTROS TODOS,
CON EL ROSTRO DESCUBIERTO,
CONTEMPLANDO COMO EN UN ESPEJO
LA GLORIA DEL SEÑOR,
ESTAMOS SIENDO TRANSFORMADOS
EN LA MISMA IMAGEN DE GLORIA
EN GLORIA, COMO POR EL SEÑOR,
EL ESPÍRITU.

2 CORINTIOS 3:18

LA VIDA GLORIOSA

Cuando Cristo resucita, porque es levantado por el Padre y vence la muerte, vuelve a la gloria que tenía junto al Padre desde antes de la fundación del mundo. Ese regreso a la vida en gloria que siempre tuvo, de la cual los Evangelios nos presentan algunos destellos, no es solo para Él. Es la voluntad del Padre que nosotros, sus hijos, también participemos de esa gloria y tengamos los beneficios que se desprenden de ella. En este capítulo va a ver cómo una vez que Jesús resucita, y junto con Él usted tiene una nueva vida, de la misma manera va a participar con Él de su gloria.

LA VIDA EN GLORIA DEL CRISTO RESUCITADO

Jesús se despojó de su gloria, se humilló haciéndose hombre y murió en la forma más cruel, vergonzosa y humillante, la cruz: «Y hallándose en forma de hombre, se humilló a sí mismo, haciéndose obediente hasta la muerte, y muerte de cruz» (Filipenses 2:8), para luego resucitar venciendo la muerte y que le llevaran al cielo.

Cristo se humilló viviendo como uno más. Murió en forma voluntaria por completo y entregó a propósito el espíritu, la vida, en obediencia al Padre, y permitió que le contaran entre los pecadores, tanto en su vida como en la cruz:

> Ha venido el Hijo del Hombre [...] amigo de recaudadores de impuestos y de pecadores.
>
> LUCAS 7:34

> Y con los transgresores fue contado.
>
> ISAÍAS 53:12

Debido a esa humillación*, Dios lo levantó de la muerte para darle honor y gloria:

> Por lo cual Dios también le exaltó hasta lo sumo, y le confirió el nombre que es sobre todo nombre, para que al nombre de Jesús *se doble toda rodilla* de los que están en el cielo, y en la tierra, y debajo de la tierra, y toda lengua confiese que Jesucristo es Señor, para gloria de Dios Padre.
>
> FILIPENSES 2:9-11, énfasis añadido

Esa gloria le correspondía a Cristo y siempre le correspondió al lado del Padre:

> Y ahora, glorifícame tú, Padre, junto a ti, con la gloria que tenía contigo antes que el mundo existiera.
>
> JUAN 17:5

Fue de este modo que se cumplió la promesa del Padre establecida en la profecía:

> Por tanto, yo le daré parte con los grandes y con los fuertes repartirá despojos, porque derramó su alma hasta la muerte y con los transgresores fue contado, llevando Él el pecado de muchos, e intercediendo por los transgresores.
>
> ISAÍAS 53:12

El Padre da honra al Hijo debido a que entregó su vida y permitió que le contaran entre los transgresores. El Padre, santo, perfecto e intransigente con el pecado, empieza a dar recompensa a su Hijo, aunque le abandonó por haberse hecho pecado. Hay una incoherente simultaneidad de rechazo y exaltación. Sin embargo, en ese mismo momento es cuando se satisface la ira de Dios por el pecado y el Padre le da a plenitud la gloria que le corresponde al Hijo, la que ha tenido desde la eternidad y la que tendrá por toda la eternidad. Vuelto a su gloria, el cielo y la tierra adoran al Hijo, al que está en su trono, a la derecha del Padre.

La gloria de Cristo es la misma gloria del Padre, no es diferente. Es la que ha tenido desde la eternidad porque Él es Dios glorificado desde la eternidad. Él es el Cordero inmolado:

> El Cordero que fue inmolado digno es de recibir el poder, las riquezas, la sabiduría, la fortaleza, el honor, la gloria y la alabanza.
>
> APOCALIPSIS 5:12

Ahora bien, a fin de aclarar el concepto de gloria y el verdadero mensaje del evangelio del reino, analicemos los siguientes conceptos de gloria.

Cuál es el verdadero concepto de gloria

Sabemos que Cristo «es el resplandor de su gloria [de Dios] y la expresión exacta de su naturaleza, y sostiene todas las cosas por la palabra de su poder» (Hebreos 1:3). Por lo tanto, veamos el verdadero significado de la palabra «gloria» y cómo esto se refleja en la vida misma de Cristo.

La palabra «gloria» puede tener dos aplicaciones: Una aplicación tiene que ver con los hombres, o ciertos artículos, y la otra aplicación tiene que ver con Dios. Cuando nos referimos a algún objeto o artículo lleno de gloria o glorioso, hablamos de algo que puede estar lleno de esplendor, algo magnífico, lleno a poder, rico (de riquezas). En el Antiguo Testamento, la palabra en hebreo para «gloria» es *kabôd* que significa «peso» o «pesadez». En el Nuevo Testamento, la palabra griega para «gloria» es *doxa* y significa «honor», «dignidad» o «alabanza».

Si aplicamos el significado de gloria del Antiguo Testamento, ya sea a Dios o a cosas materiales (hombres o artículos), significa «peso». En el caso de Dios, el «peso» de Dios sería para mí todo lo que es Él, su plenitud, sin dejar nada por fuera. Su persona en su totalidad, cada aspecto de lo que es Él: amor, santo, fiel, misericordioso, justo, bondadoso, paciente, etc. Cuando decimos que la gloria de Dios está en un lugar, lo que hacemos en realidad es rebajar a Dios porque, si Él fuera a manifestarse en algún lugar físico en su plenitud, nadie pudiera resistirlo. Como le dijera el mismo Dios a Moisés: «No puedes ver mi rostro; porque nadie puede verme, y vivir» (Éxodo 33:20). Es lo mismo que si dijéramos en nuestro lenguaje: «Tal persona hizo sentir su peso cuando llego al lugar». En ese caso, nos estaríamos refiriendo a su poder, a su totalidad, a su autoridad, etc.

Por eso en el Nuevo Testamento se habla de Jesús como la gloria del Padre porque Él es la expresión exacta del Dios invisible que nadie ha visto jamás: «Porque agradó al Padre que en Él habitara toda la plenitud» (Colosenses 1:19).

Por lo tanto, si vamos a hablar de siete semanas en pos de la gloria, es como si dijéramos: «Siete semanas en pos de la plenitud que Dios tiene para mí»[1].

Satanás ha desarrollado una tarea que ha consistido en entorpecer la razón del creyente. Él ha distorsionado la esencia del evangelio de la gloria:

> El dios de este mundo [Satanás] ha cegado el entendimiento de los incrédulos, para que no vean el resplandor del evangelio de la gloria de Cristo, que es la imagen de Dios.
>
> 2 CORINTIOS 4:4

Si a esto le agregamos las corrientes del humanismo* que se empeñan en presentar a Cristo como una simple figura histórica, nos damos cuenta que es necesario que usted conozca al Cristo auténtico. Que conozca al Cristo que, siendo Dios, se hizo hombre sin dejar de ser Dios, el Cristo de la gloria:

> Pues Dios, que dijo que de las tinieblas resplandecerá la luz, es el que ha resplandecido en nuestros corazones, para iluminación del conocimiento de la gloria de Dios en la faz de Cristo.
>
> 2 CORINTIOS 4:6

La gloria de Cristo se reconoció desde su encarnación como el Hijo del Hombre:

> Y el verbo se hizo carne*, y habitó entre nosotros, y vimos su gloria, gloria como del unigénito del Padre, lleno de gracia* y de verdad.
>
> JUAN 1:14

En la cruz del Calvario, Cristo fue crucificado a fin de redimir al mundo del pecado, vimos su gloria. Esta se manifestó más aun cuando resucitó de los muertos y fue con el Padre para ser glorificado. El apóstol Pedro testifica de esto cuando, en el día de Pentecostés, expuso cómo Jesús resucitó y ascendió al cielo, donde le exaltaron «a la diestra de Dios» (Hechos 2:33) y que, a ese Jesús que crucificaron «Dios le ha hecho Señor y Cristo» (Hechos 2:36). Por eso, «el Señor Jesús, fue recibido en el cielo y se sentó a la diestra de Dios» (Marcos 16:19). Ese era el lugar que le correspondía: Un lugar de honor donde comparte la gloria con el Padre.

El mismo apóstol Pedro dice en su segunda carta que él fue testigo de la majestad de Cristo en la transfiguración:

> Porque cuando os dimos a conocer el poder y la venida de nuestro Señor Jesucristo, no seguimos fábulas ingeniosamente inventadas, sino que fuimos testigos oculares de su majestad. Pues cuando Él recibió honor y gloria de Dios Padre, la majestuosa Gloria le hizo esta declaración: Este es mi Hijo amado en quien me he complacido; y nosotros mismos escuchamos esta declaración, hecha desde el cielo cuando estábamos con Él en el monte santo.
>
> 2 PEDRO 1:16-18

Concluimos entonces que Cristo es la manifestación de la gloria del Padre:

> Él es el resplandor de su gloria [del Padre] y la expresión exacta de su naturaleza.
>
> HEBREOS 1:3

Cuál es el concepto errado de la gloria

El falso concepto de «gloria» es el que tiene esta palabra en el ámbito secular. Como sabemos, se le da la connotación de máximo gozo, disfrute, reputación, fama y honor que resultan de buenas acciones, actos heroicos o cualidades y logros en el quehacer humano. Se usa mucho en el «argot religioso», cuando se habla de un difunto que «ya está en la gloria con Dios». Esto no está del todo errado, pero no es el significado integral de lo que debe significar la gloria para nosotros. El problema es que muchos no tienen presente que la verdadera gloria se refiere a vivir la vida del Reino de Dios en la tierra. Esa es la gloria que Cristo nos ganó y que por el engaño de Satanás no hemos vivido ni disfrutado aún.

DECLARACIONES DE LA GLORIA DE DIOS

La gloria de Dios, que es la gloria de Cristo, se declara en la Palabra de Dios en las visiones del profeta Daniel:

> Seguí mirando en las visiones nocturnas, y he aquí, con las nubes del cielo venía uno como un Hijo de Hombre, que se dirigió al Anciano de Días y fue presentado ante Él. Y le fue dado dominio, *gloria* y reino.
>
> DANIEL 7:13-14, énfasis añadido

Esa gloria anunciada reveló el destino de Jesucristo de ir una vez más a la derecha del Padre:

> Jesús, el autor y consumador de la fe, quien por el gozo puesto delante de Él soportó la cruz, menospreciando la vergüenza, y se ha sentado a la diestra del trono de Dios.
>
> HEBREOS 12:2

Para eso existía, para ser portador de la gloria:

> LE HAS CORONADO DE GLORIA Y HONOR, Y LE HAS PUESTO SOBRE LAS OBRAS DE TUS MANOS; TODO LO HAS SUJETADO BAJO SUS PIES.
>
> HEBREOS 2:7-8

Después de su resurrección, Jesucristo se apareció varias veces a sus discípulos, con el propósito de terminar de instruirlos y establecer su iglesia:

> A estos también, después de su padecimiento, se presentó vivo con muchas pruebas convincentes, apareciéndoseles durante cuarenta días y hablándoles de lo concerniente al reino de Dios.
>
> HECHOS 1:3

Estando con sus discípulos, el Señor Jesucristo les dio la tarea de ir y hacer discípulos y de hacer lo que les había mandado. Una vez hecho esto, se despidió de ellos:

> Y aconteció que mientras los bendecía, se separó de ellos y fue llevado arriba al cielo.
>
> LUCAS 24:51

Jesús ascendió en triunfo glorioso y le recibieron en el cielo:

> Después de haber dicho estas cosas, fue elevado mientras ellos miraban, y una nube le recibió y le ocultó de sus ojos.
>
> HECHOS 1:9

> Entonces, el Señor Jesús, después de hablar con ellos, fue recibido en el cielo y se sentó a la diestra de Dios.
>
> MARCOS 16:19

Cuando Jesús entró al cielo, lo hizo como Rey victorioso, y reina a la derecha del Padre:

> Alzad, oh puertas, vuestras cabezas, alzaos vosotras, puertas eternas, para que entre el Rey de la gloria.
>
> SALMO 24:7

> Ahora bien, el punto principal de lo que se ha dicho es éste: tenemos tal sumo sacerdote, el cual se ha sentado a la diestra del trono de la Majestad en los cielos.
>
> HEBREOS 8:1

Es por eso que Cristo reina en la plenitud de su gloria, la que siempre ha tenido y tendrá por toda la eternidad:

> Y ahora, glorifícame tú, Padre, junto a ti, con la gloria que tenía contigo antes que el mundo existiera.
>
> JUAN 17:5

> Y me mostró un río de agua de vida, resplandeciente como cristal, que salía del trono de Dios y del Cordero [...] y el trono de Dios y del Cordero estará allí.
>
> APOCALIPSIS 22:1, 3

LA GLORIA DE CRISTO RESUCITADO EN USTED

Después de la muerte en Cristo viene la vida en resurrección. Es decir, la vida en gloria de *Cristo resucitado* en usted.

> Se siembra en deshonra, se resucita en *gloria*; se siembra en debilidad, se resucita en poder.
>
> 1 CORINTIOS 15:43, énfasis añadido

En el capítulo 12 de su primera carta, el apóstol Pedro nos advierte sobre los sufrimientos que nos han de sobrevenir como hijos de Dios. Es por eso que nos alienta a que los sobrellevemos con regocijo, pues eso nos hará partícipes de la gloria de Cristo:

> Antes bien, en la medida en que compartís los padecimientos de Cristo, regocijaos, para que también en la revelación* de su *gloria* os regocijéis con gran alegría.
>
> 1 PEDRO 4:13, énfasis añadido

En el capítulo 5 de esa primera carta, Pedro mismo se presenta como «testigo de los padecimientos de Cristo, y también participante de la gloria que ha de ser revelada» (1 Pedro 5:1, énfasis añadido). También el apóstol Pablo nos dice que, al ser hijos de Dios, somos «también herederos; herederos de Dios y coherederos con Cristo, si en verdad padecemos con Él a fin de que también seamos glorificados con Él» (Romanos 8:17, énfasis añadido). Sin embargo, minimiza estos padecimientos y explica lo siguiente: «Pues considero que los sufrimientos de este tiempo presente no son dignos de ser comparados con la gloria que nos ha de ser revelada» (Romanos 8:18, énfasis añadido).

La vida en gloria es la vida del cristiano delante del trono de Dios y en la contemplación de su hermosura. A esta vida solo se llega si usted resucita juntamente con Cristo, y resucita con Él cuando tiene la convicción del propósito de su muerte y de su resurrección. Asimismo, cuando tiene la revelación* de que esa vida es para usted por la gracia* de Dios Padre mediante la revelación* del Espíritu Santo.

Cristo no se resucitó a sí mismo. Estando muerto, aunque sin corrupción, el Espíritu de Dios fue a la tumba, le dio vida y lo sacó, ya que ese Espíritu que levantó a Jesús de entre los muertos habita en usted, Él también le va a dar vida. Por eso usted también resucita con Cristo cuando recibe en su corazón la revelación* de la Palabra de Dios en la voz del Espíritu Santo. La aplicación de la verdad de Dios nos dará la vida al igual que se la dio a Jesús resucitado.

Dios quiere que lo conozcamos en la plenitud de su gloria, pues para eso rompió el velo del templo con la muerte de Jesús y es el mismo Cristo el que nos levanta con Él al Padre. En fin, Dios quiere que veamos su gloria para cambiarnos a su propia imagen:

> Pero cuando alguno se vuelve al Señor, el velo es quitado... Pero nosotros todos, con el rostro descubierto, contemplando como en un espejo la gloria del Señor, estamos siendo transformados en la misma imagen de gloria en gloria, como por el Señor.
>
> 2 CORINTIOS 3:16, 18

Por la Palabra sabemos que en Cristo está toda la bondad, la gracia* y la misericordia del Padre, porque es la imagen de Dios Padre:

> Jesús le dijo: ¿Tanto tiempo he estado con vosotros, y todavía no me conoces, Felipe? El que me ha visto a mí, ha visto al Padre; ¿cómo dices tú: «Muéstranos al

Padre»? ¿No crees que yo estoy en el Padre, y el Padre en mí? Las palabras que yo os digo, no las hablo por mi propia cuenta, sino que el Padre que mora en mí es el que hace las obras.

JUAN 14:9-10

La gloria de Cristo es una realidad. Entonces, ¿por qué no la vemos aún? ¿Por qué si ya somos hijos de Dios no la experimentamos y, por lo tanto, tampoco la modelamos en nuestra vida diaria y en nuestras relaciones siendo tan real como se demuestra que es? No es fácil para el hombre entender que debe desligarse de todos los patrones humanistas y de la propia idolatría y la autosuficiencia para poder vivir por fe el amor incondicional del Padre y la verdadera vida en gloria como un hijo de Dios.

La gloria de Cristo es una gloria que aunque está presente por fe, no se ha consumado aún porque tenemos que ser «imitadores de los que mediante la fe y la paciencia heredan las promesas» (Hebreos 6:12). Además, tenemos que perseverar en fe para lograr la salvación* total de nuestra alma (sanación* y restauración*), ya «que sois protegidos por el poder de Dios mediante la fe [...] obteniendo, como resultado de vuestra fe, la salvación* de vuestras almas» (1 Pedro 1:5, 9). Asimismo, tenemos que perseverar también en amor. Esta gloria ya se nos dio a nosotros por Jesús, pero se debe manifestar cuando, en amor y en unidad, seamos uno con Él:

La gloria que me diste les he dado, para que sean uno, así como nosotros somos uno.

JUAN 17:22

LA BÚSQUEDA DE LA GLORIA

Entonces, ¿por qué debemos buscar la gloria? ¿Por qué debemos ir «en pos de la gloria»? El apóstol Pablo dice que la gloria debe constituirse en una meta para el cristiano. Debe ser un objetivo al cual mirar y no ceder hasta hallarla:

El cual PAGARÁ A CADA UNO CONFORME A SUS OBRAS: a los que por la perseverancia en hacer el bien buscan *gloria*, honor e inmortalidad: vida eterna.

ROMANOS 2:6-7, énfasis añadido

Así que, como todos debemos ir en pos de la gloria, usted también debe ir en pos de la gloria. La Palabra le dice cómo hacerlo y es más fácil de lo que cree: «Pero buscad primero su reino y su justicia*, y todas estas cosas [sanación*, no solo alimento y vestido] os serán añadidas» (Mateo 6:33). Todo esto debido a que la promesa de la vida de Cristo es la siguiente:

> Cuando Cristo, nuestra vida, sea manifestado, entonces vosotros también seréis manifestados con Él en gloria.
>
> COLOSENSES 3:4

LA MANIFESTACIÓN DE LA GLORIA DE CRISTO EN USTED

Siempre que el amor de Cristo se derrama en nuestras vidas podemos ver la manifestación de la gloria de Dios. Esto se debe a que solo la gloria de Dios puede transformar al hombre. Cuando usted vive la vida en gloria del Cristo resucitado, tiene:

1. La misericordia y la bondad de Dios que lo cambia y le da la revelación* de Cristo viviendo en usted. De ese modo, logra manifestar la gloria de Dios la cual reside en usted:

> Pero si el Espíritu de aquel que resucitó a Jesús de entre los muertos habita en vosotros, el mismo que resucitó a Cristo Jesús de entre los muertos, también dará vida a vuestros cuerpos mortales por medio de su Espíritu que habita en vosotros.
>
> ROMANOS 8:11

2. Una concepción clara y auténtica de la naturaleza de Dios la cual le hace cambiar su corazón. Esto se evidencia en una actitud de agradecimiento en oración porque Él le dio vida juntamente con Cristo por lo cual debe tener confianza sin temor:

> Acerquémonos con confianza al trono de la gracia* para que recibamos misericordia, y hallemos gracia* para la ayuda oportuna.
>
> HEBREOS 4:16

LA RESURRECCIÓN

LA HUMILLACIÓN

PERO SI EL ESPÍRITU DE AQUEL QUE RESUCITÓ A JESÚS DE ENTRE LOS MUERTOS HABITA EN VOSOTROS, EL MISMO QUE RESUCITÓ A CRISTO JESÚS DE ENTRE LOS MUERTOS, TAMBIÉN DARÁ VIDA A VUESTROS CUERPOS MORTALES POR MEDIO DE SU ESPÍRITU QUE HABITA EN VOSOTROS.

ROMANOS 8:11

HAYA, PUES, EN VOSOTROS ESTA ACTITUD QUE HUBO TAMBIÉN EN CRISTO JESÚS, EL CUAL, AUNQUE EXISTÍA EN FORMA DE DIOS, NO CONSIDERÓ EL SER IGUAL A DIOS COMO ALGO A QUÉ AFERRARSE, SINO QUE SE DESPOJÓ A SÍ MISMO TOMANDO FORMA DE SIERVO, HACIÉNDOSE SEMEJANTE A LOS HOMBRES.

FILIPENSES 2:5-7

LA MUERTE

LA VIDA GLORIOSA

POR ESO
EL PADRE ME AMA,
PORQUE YO DOY
MI VIDA PARA
TOMARLA DE NUEVO.
NADIE ME LA QUITA,
SINO QUE YO
LA DOY DE MI
PROPIA VOLUNTAD.
TENGO AUTORIDAD
PARA DARLA, Y
TENGO AUTORIDAD
PARA TOMARLA
DE NUEVO.
ESTE MANDAMIENTO
RECIBÍ DE MI PADRE.

JUAN 10:17-18

PERO NOSOTROS,
TODOS,
CON EL ROSTRO
DESCUBIERTO,
CONTEMPLANDO
COMO EN UN ESPEJO
LA GLORIA
DEL SEÑOR,
ESTAMOS SIENDO
TRANSFORMADOS
EN LA MISMA IMAGEN
DE GLORIA EN GLORIA,
COMO POR EL SEÑOR
EL ESPÍRITU.

2 CORINTIOS 3:18

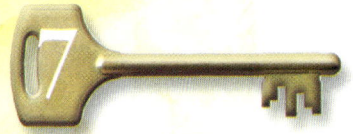

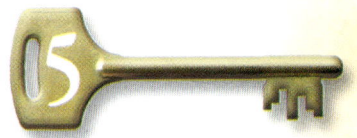

MI VIDA EN GLORIA

MI PREPARACIÓN

PUES DIOS,
QUE DIJO QUE
DE LAS TINIEBLAS
RESPLANDECERÁ
LA LUZ, ES EL
QUE HA
RESPLANDECIDO
EN NUESTROS
CORAZONES,
PARA ILUMINACIÓN
DEL CONOCIMIENTO
DE LA GLORIA
DE DIOS EN LA FAZ
DE CRISTO.

2 CORINTIOS 4:6

Y ÉL ME HA DICHO:
TE BASTA MI GRACIA,
PUES MI PODER
SE PERFECCION
EN LA DEBILIDAD.
POR TANTO, MUY
GUSTOSAMENTE
ME GLORIARÉ
MÁS BIEN EN MIS
DEBILIDADES,
PARA QUE
EL PODER
DE CRISTO
MORE EN MÍ.

2 CORINTIOS 12:9

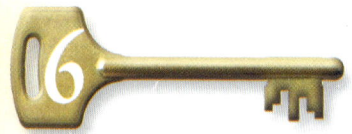

MI COMPROMISO

ESTA ES LA PROMESA DE DIOS PARA USTED:

SI CONFESAMOS NUESTROS PECADOS, ÉL ES FIEL Y JUSTO PARA PERDONARNOS LOS PECADOS Y PARA LIMPIARNOS DE TODA MALDAD.

1 JUAN 1:9

YO SOY EL SEÑOR, EN JUSTICIA TE HE LLAMADO, TE SOSTENDRÉ POR LA MANO Y POR TI VELARÉ, Y TE PONDRÉ COMO PACTO PARA EL PUEBLO, COMO LUZ PARA LAS NACIONES, PARA QUE ABRAS LOS OJOS A LOS CIEGOS, PARA QUE SAQUES DE LA CÁRCEL A LOS PRESOS, Y DE LA PRISIÓN A LOS QUE MORAN EN TINIEBLAS.

ISAÍAS 42:6-7

3. La convicción, como la tenía Pablo, de lo siguiente:

> El que comenzó en vosotros la buena obra, la perfeccionará hasta el día de Cristo Jesús.
>
> FILIPENSES 1:6

4. Una relación con Dios, y con los demás, diferente por completo, como se lo indica la Palabra:

> Sed más bien amables unos con otros, misericordiosos, perdonándoos unos a otros, así como también Dios os perdonó en Cristo.
>
> EFESIOS 4:32

5. La seguridad de lo que tenemos como hijos de Dios por la muerte y la resurrección de Cristo:

> Pues considero que los sufrimientos de este tiempo presente no son dignos de ser comparados con la gloria que nos ha de ser revelada [...] la creación misma será también liberada de la esclavitud de la corrupción a la libertad de la *gloria* de los hijos de Dios.
>
> ROMANOS 8:18, 21, énfasis añadido

6. Una nueva vida que ya no es en nosotros ni en nuestras fuerzas, sino en Cristo:

> Porque habéis muerto, y vuestra vida está escondida con Cristo en Dios. Cuando Cristo, nuestra vida, sea manifestado, entonces vosotros también seréis manifestados con Él en gloria.
>
> COLOSENSES 3:3-4

7. La seguridad indiscutible de la gloria que nos aguarda:

> Porque a los que de antemano conoció, también los predestinó a ser hechos conforme a la imagen de su Hijo, para que Él sea el primogénito* entre muchos hermanos; y a los que predestinó, a esos también llamó; y a los que

llamó, a esos también justificó; y a los que justificó, a esos también *glorificó*.

ROMANOS 8:29-30, énfasis añadido

Cuando se trata de buscar la gloria de Dios, todo depende de usted debido a que es la parte que activa cada una de las promesas. En su soberanía*, Dios le da la libertad para que sea usted el que las viva de manera abundante:

He aquí, yo estoy a la puerta y llamo; si alguno oye mi voz y abro la puerta, entraré a él, y cenaré con él y él conmigo. Al vencedor, le concederé sentarse conmigo en mi trono, como yo también vencí y me senté con mi Padre en su trono. El que tiene oído, oiga lo que el Espíritu dice a las iglesias.

APOCALIPSIS 3:20-22

Por lo tanto, no olvide la visión del Cristo glorioso que tuvo Juan:

Estaba yo en el Espíritu en el día del Señor, y oí detrás de mí una gran voz, como sonido de trompeta, que decía: Escribe en un libro lo que ves, y envíalo a las siete iglesias: a Éfeso, Esmirna, Pérgamo, Tiatira, Sardis, Filadelfia y Laodicea. Y me volví para ver de quién era la voz que hablaba conmigo. Y al volverme, vi siete candeleros de oro; y en medio de los candeleros, vi a uno semejante al Hijo del Hombre, vestido con una túnica que le llegaba hasta los pies y ceñido por el pecho con un cinto de oro. Su cabeza y sus cabellos eran blancos como blanca lana, como nieve; sus ojos eran como llama de fuego; sus pies semejantes al bronce bruñido cuando se le ha hecho refulgir en el horno, y su voz como el ruido de muchas aguas. En su mano derecha tenía siete estrellas, y de su boca salía una aguda espada de dos filos; su rostro era como el sol cuando brilla con toda su fuerza. Cuando lo vi, caí como muerto a sus pies. Y Él puso su mano derecha sobre mí, diciendo: No temas, yo soy el primero y el último, y el que vive, y estuve muerto; y he aquí, estoy vivo por los siglos de los siglos, y tengo las llaves de la muerte y del Hades.

APOCALIPSIS 1:10-18

Este es el Cristo que hace posible, de una vez y para siempre, que su vida sea diferente y que sea la vida que el Padre quiere que tenga: «La vida de la gloria del Cristo resucitado en usted». Todo esto es posible porque es un regalo del Padre celestial a su hijo... ¡a usted!

Mi diario en pos de la gloria

❧

He aquí, yo estoy a la puerta y llamo;
si alguno oye mi voz y abre la puerta, entraré a él,
y cenaré con él y él conmigo.

APOCALIPSIS 3:20

*J*esús se le presenta como una persona que desea establecer una relación especial con usted, está dispuesto a escucharle y anhela que usted también le escuche. Por eso le dice: «Si alguno oye mi voz».

Esta llamada se la está haciendo por medio de su Espíritu, le está invitando a cenar. Dios mismo a través de su Espíritu Santo quiere que le abra sus oídos y su corazón de hijo, pues Él quiere tener un pacto íntimo con usted a través de esta segunda parte del libro titulada «Mi diario».

Esta es la parte activa del proceso*, la que le corresponde a usted. Su responsabilidad es aceptarla y desarrollarla. El propósito es llevarlo a aplicar las verdades que Dios ha puesto en su corazón y que harán que siga el modelo de Cristo.

«Mi diario» presenta una serie de cuestionarios que lo llevarán a escudriñar en lo más profundo de su corazón para que usted viva la humillación* y la muerte, y participe de la resurrección y de la vida en gloria de Cristo resucitado en su propia vida. Nuestra oración es que, mediante su diario, profundice en la verdadera salvación* y libertad que solo es en Jesucristo, y abra su propio camino hacia la restauración plena de su vida en gloria.

MI PREPARACIÓN

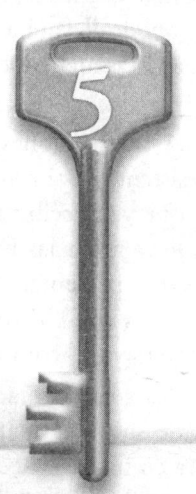

Y ÉL ME HA DICHO:
TE BASTA MI GRACIA, PUES MI PODER
SE PERFECCIONA EN LA DEBILIDAD.
POR TANTO, MUY GUSTOSAMENTE
ME GLORIARÉ MÁS BIEN EN
MIS DEBILIDADES, PARA QUE
EL PODER DE CRISTO MORE EN MÍ.

2 CORINTIOS 12:9

MI PREPARACIÓN

Ya usted recibió la revelación del modelo de vida de Jesús a lo largo de las cuatro semanas anteriores y está listo para realizar esta etapa de preparación que lo llevará a soltar todas sus cargas, a conocerse más a usted mismo, a sanar su corazón y a vivir la verdadera libertad de su alma.

Usted va encontrar las instrucciones de cómo desarrollar su diario, va a conocer la resistencia por parte del enemigo para que no realice el proceso y desista, va a recibir la palabra directa de Dios que, al igual que a Jesús, le va a dar las fuerzas para salir airoso de las tentaciones que se le van a presentar. Más adelante va a firmar su compromiso personal que es con Cristo y va a suscribir un pacto entre usted y la persona que lo va a acompañar en este caminar.

A medida que avance, va a escudriñar a fondo su corazón y va a descubrir la condición de su alma cuando llegó al proceso*. El poder del Cristo que mora en usted lo acompañará siempre. Por lo tanto, estamos seguros que recibirá la semilla de la Palabra y que esta quedará implantada en su mente y dará fruto a su tiempo.

CÓMO VOY A DESARROLLAR «MI DIARIO»

Esta es la parte activa del proceso*. Está presentada como un diario, muy personalizado, ya que lleva su nombre. Así que estará impregnado de su vida, de todo lo bueno y lo malo, de sus emociones y sentimientos, de sus faltas, de sus hábitos y también de su esperanza en hacer cambios radicales a través de su tiempo con el Señor, de rendir su vida a Cristo y de experimentar la infinita misericordia de Dios y su inmerecida gracia*. Le aseguramos que este proceso* transformará su vida, ya que aprenderá a vivir y a disfrutar de la única y verdadera libertad que *solo es dada en Jesucristo:*

> Para libertad fue que Cristo nos hizo libres; por tanto, permaneced firmes, y no os sometáis otra vez al yugo de esclavitud.
>
> GÁLATAS 5:1

Disponga su corazón y la fe del granito de mostaza, pues Dios sana en fe y en esperanza contra esperanza. Tenga presente que por sus propias fuerzas nunca tendrá el tiempo necesario ni la disposición que le hace falta. Solo cuando reconocemos que necesitamos ayuda y decidimos rendirnos y nos humillamos, recibimos la fuerza que nos va a impulsar. Se trata de la fuerza que solo viene de Dios y que fluye sin cesar en usted desde que Él le dio la vida. La fuerza que obra día a día para poder guardarlo. Así como esa fe similar a la del granito de mostaza que recibió de Dios mismo la capacidad para transformarse en un árbol frondoso que sostiene y aloja a los pájaros, también usted va a recibir la fe para ser fortalecido por las fuerzas del Señor.

> Él guarda los pies de sus santos, mas los malvados son acallados en tinieblas, pues no por la fuerza ha de prevalecer el hombre.
>
> 1 SAMUEL 2:9

No se angustie por sus debilidades, pues usted no hace este proceso* en sus fuerzas:

> Y Él me ha dicho: Te basta mi gracia*, pues mi poder se perfecciona en la debilidad. Por tanto, muy gustosamente me gloriaré más bien en mis debilidades, para que el poder de Cristo more en mí. Por eso me complazco en las debilidades, en insultos, en privaciones, en persecuciones y en angustias por amor a Cristo; porque cuando soy débil, entonces soy fuerte.
>
> 2 CORINTIOS 12:9-10

La sanidad* que reciba será el resultado de su propia evaluación del proceso*, ya que debe interactuar y trabajar con mucha confianza y transparencia en todos los ejercicios propuestos. Esto se realiza con el objetivo de lograr que en el transcurso de las siete semanas

asignadas, llegue a ser libre, entienda la redención*, viva la verdadera salvación* del alma, disfrute de su conversión y viva su vida a plenitud en Cristo. Por lo tanto, necesita leer y comprometerse a realizar este proceso* al pie de letra y en el tiempo asignado.

Todos los ejercicios los desarrollará con la dirección del Espíritu Santo y de la persona que lo esté motivando durante el proceso*. Además, le sugerimos el uso de su Biblia para leer y meditar con detenimiento en todos los versículos propuestos.

Tenga confianza, calme su ansioso corazón y ahora medite en el significado de la palabra *gloria*: Son todas las manifestaciones de la gracia* de Dios, todo lo que Él nos da en excelencia; son los mejores regalos que recibimos de manera incondicional de nuestro Padre celestial. Y hoy Él le brinda la oportunidad de recibir todos sus regalos. De modo que alinee su corazón al proceso* y sea obediente. Si el proceso* lo va a desarrollar en su congregación, debe seguir siempre los lineamentos establecidos para realizarlo. Lo que nunca deberá hacer es intentarlo solo. Trabájelo acompañado, de dos en dos, como lo indican las instrucciones mismas del proceso*. Esto le dará la seguridad de no darse por vencido y ambos permanecerán siempre motivados. Además, trabajar con un compañero es bíblico:

> Más valen dos que uno solo, pues tienen mejor remuner-
> ación por su trabajo. Porque si uno de ellos cae, el otro
> levantará a su compañero; pero ¡ay del que cae cuan-
> do no hay otro que lo levante!
>
> ECLESIASTÉS 4:9-10

De esta manera, podrán motivarse el uno al otro, orar juntos y comentar sus avances. Ambos deben comprometerse a leer la Palabra sin cesar. En 2 Corintios 3:18, Pablo nos dice que mientras contemplamos y nos deleitamos en el Señor y meditamos en su Palabra, también al mismo tiempo «estamos siendo transformados en la misma imagen de *gloria en gloria*, como por el Señor» (énfasis añadido).

La persona, líder o mentor que lo acompañe durante estas siete semanas debe ser un discípulo transformador y con un corazón dispuesto, escogido por Dios para guiarlo, motivarlo y vivir con usted este proceso* que lo llevará a entender la verdadera manifestación de la gloria de Dios.

La persona que lo acompaña pudo haber realizado ya el proceso* o aún no, pero se compromete con usted y con Dios a realizarlo, a desarrollarlo, a orar sin cesar y a apoyarlo. Recuerde que usted también es un discípulo de Cristo. Dios no desperdicia ninguna oportunidad, así que Él también lo va a usar si dispone su corazón a recibirlo y decide creerle.

Sobre todo hijo de Dios que realiza el proceso* hay una promesa de cambio a una vida gloriosa, y una promesa de que Dios lo use también para transformar otras vidas. Cuando usted recibe la revelación* de su libertad y de la verdadera evangelización, su corazón está alineado para dar de gracia* lo que de gracia* ha recibido. A medida que se convierte en dador de vida, su propia vida se va restaurando. No necesita sino creerle a Dios y tener un corazón dispuesto a ser transformado por Él.

Su fe, su entrega incondicional y la dirección del Espíritu Santo lo van a llevar a:

- Entender el verdadero significado de lo que es la salvación* del alma.
- Reconocer sus pecados y morir a este hábito.
- Entender que en la cruz su carne* ya fue crucificada.
- Vivir la resurrección.
- Disfrutar desde ahora el reino de los cielos en la tierra.
- Dar de gracia* todo lo que ha recibido por la gracia* de Dios.
- Vivir la verdadera vida de los hijos de Dios.
- Glorificar a Dios.

Resistencia al proceso de «Mi diario»

Antes de que inicie este diario, el diablo le va a tentar para que desista y no lo haga. Por eso, le va a presentar otras alternativas muy atractivas y convincentes. Le presentará enfoques equivocados, le hará entrar en razonamientos, análisis y cuestionamientos. Al mismo

tiempo, tratará por todos los medios de persuadirlo de lo difícil, lo doloroso o lo innecesario de un proceso* que, a fin de cuentas, no se sabe, según él, si va a ser eficaz para usted.

Antes de iniciar su ministerio, el diablo tentó a Jesús:

> Jesús, lleno del Espíritu Santo, volvió del Jordán y fue llevado por el Espíritu en el desierto por cuarenta días, siendo tentado por el diablo. Y no comió nada durante esos días, pasados los cuales tuvo hambre. Entonces el diablo le dijo: Si eres Hijo de Dios, di a esta piedra que se convierta en pan. Jesús le respondió: Escrito está: «No solo de pan vivirá el hombre».
>
> LUCAS 4:1-4

Usted va a ser tentado de la misma forma. A medida que avance y enfrente sus problemas, entrégueselos a Jesús para vencerlos y así continuará en su proceso*, ya que es en estos momentos donde debe esperar los ataques de Satanás. Recuerde que él anda siempre buscando a quién devorar. Además, esté alerta a las tentaciones que puedan presentarse por la concupiscencia de su carne*.

> Sino que cada uno es tentado cuando es llevado y seducido por su propia pasión.
>
> SANTIAGO 1:14

Entonces, si se pregunta el porqué, puedo decirle que esto se debe a que somos carne*:

> Entonces el Señor dijo: No contenderá mi Espíritu para siempre con el hombre, porque ciertamente él es carne*.
>
> GÉNESIS 6:3

Como resultado, va a experimentar lo mismo que sufrió Jesús, lo cual se describe en Lucas 4:1-13. Por lo tanto, no se desaliente, siga adelante y no caiga ante la tentación. Esta solamente lo acosa para probarlo, pero usted no va a caer, sino que tomará la decisión de no permitir el pecado de nuevo. Recuerde que la seguridad de que ahora es un hijo de Dios es lo que le permite soportar cualquier prueba. Tampoco se extrañe de la tentación:

> Amados, no os sorprendáis del fuego de prueba que en medio de vosotros ha venido para probaros, como si alguna cosa extraña os estuviera aconteciendo; antes bien, en la medida en que compartís los padecimientos de Cristo, regocijaos, para que también en la revelación* de su gloria os regocijéis con gran alegría.
>
> 1 PEDRO 4:12-13

Ante cualquier tentación, prepárese, vele y resista firme en la fe:

> Sed de espíritu sobrio, estad alerta. Vuestro adversario, el diablo, anda al acecho como león rugiente, buscando a quien devorar. Pero resistidle firmes en la fe, sabiendo que las mismas experiencias de sufrimiento* se van cumpliendo en vuestros hermanos en todo el mundo.
>
> 1 PEDRO 5:8-9

En toda situación en que se halle Dios le dará la fuerza suficiente para vencer y salir airoso en la prueba:

> Pero en todas estas cosas somos más que vencedores por medio de aquel que nos amó.
>
> ROMANOS 8:37

> No os ha sobrevenido ninguna tentación que no sea común a los hombres; y fiel es Dios, que no permitirá que vosotros seáis tentados más allá de lo que podéis soportar, sino que con la tentación proveerá también la vía de escape, a fin de que podáis resistirla.
>
> 1 CORINTIOS 10:13

El objetivo fundamental de Satanás al tentarlo es tratar de desviarlo del plan original y de los propósitos que el Padre tiene para usted. También es el de llevarlo a que desconfíe y ponga a prueba el poder de Dios. De esa manera, el diablo quiere que desafíe a Dios

sin ningún motivo para que, al final, no le dé la gloria al que solo le corresponde, a Él. Por esto, no debe creerle las mentiras del diablo ni debe dudar.

LAS TENTACIONES

La primera tentación que le puede sobrevenir estará dirigida a que usted desconfíe del Padre. Es decir, que trate de arreglárselas solo: «Si eres Hijo de Dios, di a esta piedra que se convierta en pan» (Lucas 4:3). El diablo retó a Jesús a que lo hiciera por su cuenta. De igual manera, le va a decir a usted, a su mente y a su corazón: «¿Para qué vas a hacer este proceso* de sanidad* si sabes cómo resolver tus cosas? Confía en ti mismo, tú puedes lograrlo, así que no pierdas tu tiempo». Nunca debe escuchar lo que le diga el diablo.

El diablo siempre tratará que la persona haga sus propios planes y actúe sin depender de Dios. Esto es una trampa, así que rechace siempre esta propuesta de inmediato. El diablo quiere que no dependa de Dios y desea hacerle sentir la mentira de que Dios no se ocupa de usted y que se ha alejado. Aun así, sepa que «los caminos del hombre están delante de los ojos del Señor, y Él observa todos sus senderos» (Proverbios 5:21).

Recuerde que Pablo les advierte a los efesios que no le den «oportunidad al diablo» (Efesios 4:27). Para eso hay que enfrentarlo como lo hizo Jesús, con la Palabra: «Escrito está: «No solo de pan vivirá el hombre» (Lucas 4:4). Así que tenga el convencimiento de que en la Palabra de Dios es donde encontrará el recurso de parte de Dios para toda necesidad.

La segunda tentación que le presentará el diablo se refiere a los reinos del mundo con sus deleites y toda la idolatría que involucra, a fin de cautivarlo de manera que se rinda a él y a sus planes. Se los va a mostrar muy agradables y atractivos. Tratará de atraerlo por todos los medios posibles para convencerlo que no hay nada malo en esto. Sus hábitos, sus costumbres y las cosas del mundo, todo lo que todavía le produce gran placer y lo cautiva, son las mentiras con las que va a luchar a cada momento, ya que le impedirían vivir su proceso* de restauración*.

Sin embargo, las cosas del mundo no deben cautivarlo. No puede volver a caer ante lo que antes deseaba, o adoraba, pues solo a Dios debe servir:

Temerás solo al Señor tu Dios; y a Él adorarás.

DEUTERONOMIO 6:13

Esta tentación se debe vencer como lo hizo Jesús, acudiendo sin vacilar a la Palabra y seguro de lo que se establece en ella:

Al Señor tu Dios adorarás, y a Él solo servirás.

LUCAS 4:8

La tercera tentación lo va a inducir a que busque pruebas adicionales del amor, la fidelidad y el poder sanador de Dios a través de Cristo. Un desafío como este: «Entonces el diablo le llevó a Jerusalén y le puso sobre el pináculo del templo, y le dijo: Si eres Hijo de Dios, lánzate abajo desde aquí,» (Lucas 4:3), intentaba que Jesús buscara pruebas adicionales del poder y el amor del Padre celestial recurriendo engañosamente a la Palabra en el Salmo 91:11-12:

Pues escrito está: «A sus ángeles te encomendará para que te guarden», y «en las manos te llevarán, no sea que tu pie tropiece en piedra».

LUCAS 4:10-11

Sin embargo, ya el poder de Dios se había dado en la presencia del Espíritu que descendió sobre Jesucristo.

El diablo conoce el infinito poder de Dios, el cual ya usted tiene a su disposición desde que recibió a Cristo en su corazón como su Salvador y el Espíritu Santo vino a morar en usted. Aun así, quiere que dude y lo va a llevar a enfrentar situaciones de reto para que busque una provisión adicional del amor y del poder de parte de Dios. Por eso se le presentarán situaciones y momentos de alto riesgo, que en verdad no son situaciones que proceden de Dios. No obstante, ahora su seguridad está en que usted es hijo de Dios:

Porque todos los que son guiados por el Espíritu de Dios, los tales son hijos de Dios. Pues no habéis recibido un espíritu de esclavitud para volver otra vez al temor, sino que habéis recibido un espíritu de adopción como hijos, por el cual clamamos: ¡Abba, Padre!

ROMANOS 8:14-15

De modo que ya sabe que Dios lo cuida, lo sana, lo libera y lo restaura; pero la búsqueda de nuevas situaciones no significa que confíe en Dios, sino que lo tienta a Él.

Cristo rechazó al diablo con la Palabra: «No tentarás al Señor tu Dios» (Lucas 4:12), cita que tomó Jesús de Deuteronomio 6:16. Asimismo, usted debe rechazarlo con la Palabra, sin dar espacio a sus mentiras que no son más que medias verdades para confundir y engañar.

Una vez que supere y venza todas las resistencias que el diablo ha tratado de inducir en usted, más las sugerencias de su carne* que quizá atrasaran el desarrollo de este diario, entréguele ahora todo a Dios:

Encomienda al Señor tu camino, confía en Él, que Él actuará.

SALMO 37:5

Dios lo va a llevar a liberarse de todas sus heridas, pecados, hábitos, comportamientos compulsivos y complejos de su pasado. Así que no se extrañe cuando sienta de nuevo la arremetida de Satanás, porque al igual que con Jesús, siempre va a estar al acecho.

Cuando el diablo hubo acabado toda tentación, se alejó de Él esperando un tiempo oportuno.

LUCAS 4:13

Además, debe estar alerta mediante la oración:

Sed de espíritu sobrio, estad alerta. Vuestro adversario, el diablo, anda al acecho como león rugiente, buscando a quien devorar.

1 PEDRO 5:8

También debe buscar la intimidad con Jesús, a fin de escuchar su voz y evitar caer. Por eso, le pedimos que siga adelante:

> Velad y orad para que no entréis en tentación; el espíritu está dispuesto, pero la carne* es débil.
>
> MATEO 26:41

Ahora todo depende de su disposición y deseo de continuar en este proceso* y con su diario, cuando acepte la invitación que le hace el Señor:

> He aquí, yo estoy a la puerta y llamo; si alguno oye mi voz y abre la puerta, entraré a él, y cenaré con él y él conmigo.
>
> APOCALIPSIS 3:20

Esta es la invitación que le hace Jesús. Él quiere entrar a su corazón y cenar con usted, porque Él es el que trae el verdadero alimento: El alimento transformador de vida que de seguro cambiará su corazón. Es posible que ese corazón sea engañoso, pero también es posible que lo engañara el enemigo y que esté lleno de mecanismos de defensas de su propio «yo», de heridas, de orgullo, de complejos, de hábitos de respuestas, de comportamientos compulsivos, de pecados habituales y ocultos y de resentimientos. Ese corazón que en estos momentos le dice que sí está decidido a empezar la transformación y le abre la puerta a Jesús.

Jesús va a entrar en su corazón y lo va a sanar con el poder de Dios que es por medio del Espíritu Santo. Tenga la certeza de que la gloria de Dios se le va a revelar y mostrar una vez que esté dispuesto a humillarse ante la poderosa mano de Dios y a entregarse a Él por completo. Como resultado, su gloria hará que caigan las vendas que le han impedido contemplar la majestad, el amor y la misericordia de Dios y le impidieron relacionarse con entera libertad con su Padre, su Creador.

Pase ahora a personalizar su diario, con la seguridad de que el amor de Dios se ha *derramado en su corazón por medio del Espíritu Santo que ya le fue dado.*

MI COMPROMISO PERSONAL

Llegó el momento de prepararse. Así que anímese y decídase a afrontar con transparencia la Palabra de Dios. Permita que Jesús obre en su vida a fin de que adopte ese modelo de vida y entréguele para siempre el control. Humíllese y reconozca su naturaleza pecaminosa, todos sus mecanismos de defensa del «yo», sus comportamientos compulsivos, sus hábitos, sus pecados y sus adicciones, y reconozca que usted solo no puede lograr ningún cambio. Al reconocer que Dios es Dios y que es exaltado sobre usted, conocerá su posición ante el Padre y recibirá su gracia transformadora.

- Reconozca la idolatría, las creencias humanistas que han sido su protección personal. Examine todas las máscaras que le han impedido salir de su dolor, toda mentira y acción que se haya convertido en culpa y en falsa vergüenza: «Porque yo te devolveré la salud, y te sanaré de tus heridas» —declara el SEÑOR» (Jeremías 30:17).

- Este proceso de restauración demanda responsabilidad, transparencia, tiempo y sacrificio. Su compromiso siempre es con Jesús. Él es el eje central en su restauración y su modelo de vida lo guiará. Establezca su compromiso serio y decidido con Jesús. Anhele conocerle más y entréguele su vida por completo.

- Concéntrese en usted, en su anhelo y necesidad de Dios. No murmure ni señale a ninguna otra persona. Recuerde: «Saca primero la viga de tu ojo, y entonces verás con claridad para sacar la mota del ojo de tu hermano» (Mateo 7:5).

- Busque intimidad con Jesús, con fe, sin vacilar, pues Él es fiel: «Mantengamos firme la profesión de nuestra esperanza sin vacilar, porque fiel es el que prometió» (Hebreos 10:23).

- Procure que su fe sea firme, «sin dudar; porque el que duda es semejante a la ola del mar [...] No piense, pues, ese hombre, que recibirá cosa alguna del Señor» (Santiago 1:6-7).

- Propóngase que su fe también sea verdadera como la de este hombre: «Vino un oficial de la sinagoga y se postró delante de Él, diciendo: Mi hija acaba de morir; pero ven y pon tu mano sobre ella, y vivirá» (Mateo 9:18).
- Crea que Él responderá: «Sin fe es imposible agradar a Dios; porque es necesario que el que se acerca a Dios crea que Él existe, y que es remunerador de los que le buscan» (Hebreos 11:6).

Sus aliados inseparables en este proceso de restauración son la oración, la adoración y el ayuno. Inicie este proceso rindiéndose al Señor como un acto de adoración con la rendición de su vida y la declaración de que el Señor es su roca, su refugio, su baluarte, su libertador, su escudo (véase el Salmo 18:2). Selle su compromiso con su firma para iniciar su diario «En pos de la gloria».

NOMBRE COMPLETO

FIRMA

FECHA

PACTO DEL MENTOR CON DIOS Y CON EL PARTICIPANTE

- Declaro que he leído y acepto el pacto del Proceso de Restauración, *7 Semanas en pos de la gloria.*

- Me comprometo a cumplir todas las normas del proceso *7 Semanas en pos de la gloria.*

- Me comprometo a asistir con regularidad a los servicios de mi iglesia.

- Me comprometo a orar todos los días por el participante y con él.

- Me comprometo a mantener la integridad del proceso.

- Me comprometo a modelar con mi proceso personal y a brindar apoyo de manera individual y grupal.

- Me comprometo a rechazar rumores y a no emitir juicios.

- Me comprometo a motivar a otro a que reciba de gracia lo que yo he recibido de gracia.

- Me comprometo a mantenerme firme y a no perder la confianza en el Señor durante este proceso: «Para libertad fue que Cristo nos hizo libres; por tanto, permaneced firmes, y no os sometáis otra vez al yugo de esclavitud» (Gálatas 5:1).

_____

FIRMA DEL MENTOR

_____

FIRMA DEL PARTICIPANTE

_____

FECHA

NOTA: Este pacto lo debe firmar la persona que ya desarrolló el proceso de manera satisfactoria y que asume el compromiso de dar de gracia lo que ya ha recibido de parte de Dios, asumiendo la responsabilidad de guiar a un nuevo participante a la vez, de quien va a ser mentor.

CÓMO LLEGUÉ AL PROCESO

Este primer cuestionario le va a permitir presentarse ante Dios y, delante de usted mismo, de tal manera que al terminar este proceso se dará cuenta de cómo estaba su corazón cuando lo comenzó.

Ponga de lado todo lo que le impida ser sincero y honesto consigo mismo y con su Padre celestial. Deseche todo lo que no le permita ser transparente y le impida verse tal como usted ha llegado. La palabra adecuada es que se presente desnudo ante los ojos de Dios, ya que para Él no hay nada oculto.

> Y no hay cosa creada oculta a su vista, sino que todas las cosas están al descubierto y desnudas ante los ojos de aquel a quien tenemos que dar cuenta.
>
> HEBREOS 4:13

PRIMERO: ¡PRESÉNTESE A ESTE PROCESO DELANTE DE DIOS EN TRANSPARENCIA Y TAL CUAL USTED SE VE! AHORA VA A PERSONALIZAR ESTE DIARIO CON SU VIDA.

Identifíquese y escriba su nombre completo, tal y como se le conoce a usted.

_____

¿Se ha sentido atado al nombre que le asignaron?_____

¿Se ha cambiado el nombre o usa un apodo porque no le gusta su nombre?_____

SEGUNDO: ¡ACÉPTESE CON TODOS SUS DEFECTOS!

De modo que si alguno está en Cristo, nueva criatura es;
las cosas viejas pasaron; he aquí, son hechas nuevas.
2 CORINTIOS 5:17

Ahora descríbase a sí mismo: ¿Cómo es su apariencia física? Explíquela según se ve usted.

_____
_____
_____

¿Se siente a gusto con su apariencia? Sea sincero.

_____
_____
_____

¿Se conoce a sí mismo?_____

_____

¿Lucha con su identidad*?

_____

_____

TERCERO: ¡DESNUDE SU CORAZÓN Y ESCUDRIÑE SUS PENSAMIENTOS MÁS PROFUNDOS!

Examinemos nuestros caminos y escudriñémoslos, y volvamos al Señor; alcemos nuestro corazón en nuestras manos hacia Dios en los cielos.

LAMENTACIONES 3:40-41

Presente el estado actual de su corazón al Señor. Sondee sus pensamientos, si se siente agotado o cansado, en tribulación o angustiado. Sea explícito.

_____

_____

_____

_____

CUARTO: ¡RINDA SU VOLUNTAD AL SEÑOR!

Enséñame a hacer tu voluntad, porque tú eres mi Dios; tu buen Espíritu me guíe a tierra firme.

SALMOS 143:10

¿Está dispuesto a rendirse al Señor para que Él obre en su vida?

_____

_____

_____

¿Cuándo entregó su vida a Cristo?

_____

_____

_____

¿Cómo fue la entrega de su vida a Cristo?

_____

_____

_____

¿Entiende la profundidad de su salvación*?

_____

_____

_____

¿Cuáles fueron sus sentimientos después de recibir a Cristo?

- ☐ ¿Temor?
- ☐ ¿Emoción?
- ☐ ¿Gozo?
- ☐ ¿Fue crítico?
- ☐ ¿Emitió juicio?
- ☐ Otro sentimiento

- ☐ ¿Duda?
- ☐ ¿Conflictos con sus creencias religiosas?
- ☐ ¿Seguridad?
- ☐ ¿Inseguridad?
- ☐ ¿Paz indescriptible?

¿Cree que Dios tiene un mejor plan para su vida?

_____

> Porque yo sé los planes que tengo para vosotros —declara el SEÑOR— planes de bienestar y no de calamidad, para daros un futuro y una esperanza.
>
> JEREMÍAS 29:11

¿Qué ha hecho para vivir la salvación*? ¿Entiende lo que esto significa?

_____

_____

_____

¿Ha recibido el bautismo por inmersión? _____

¿Ha recibido el bautismo del Espíritu Santo?_____

¿Entiende qué es el bautismo del Espíritu Santo?_____

QUINTO: ¡EXPRESE SU RESISTENCIA AL PROCESO O SI ESTÁ DESANIMADO!

> Lámpara del SEÑOR es el espíritu del hombre que escudriña lo más profundo de su ser.
>
> PROVERBIOS 20:27

¿Está dispuesto a rendir su corazón, y presentarse al desnudo ante el Señor?

¿Tiene confianza en lo que Dios puede hacer en su vida?

Le invitamos a que sea sincero con las expectativas que tiene puestas en realidad en este proceso*. Escríbalas a continuación:

SEXTO: ¡NO CONFÍE EN USTED MISMO!

No se recomienda que usted desarrolle solo este proceso*, sino acompañado, o con la dirección de un mentor o de un amigo. Es muy difícil asegurarle que si trabaja solo, pueda mantener el equilibrio emocional y encontrar su verdad sin sentirse culpable. La misma Palabra de Dios nos afirma lo siguiente:

> Más valen dos que uno solo, pues tienen mejor remuneración por su trabajo. Porque si uno de ellos cae, el otro levantará a su compañero; pero ¡ay del que cae cuando no hay otro que lo levante! Además, si dos se acuestan

juntos se mantienen calientes, pero uno solo ¿cómo se calentará? Y si alguien puede prevalecer contra el que está solo, dos lo resistirán. Un cordel de tres hilos no se rompe fácilmente.

ECLESIASTÉS 4:9-12

Con sus propias palabras, declare su incapacidad de confiar en usted mismo, y declare su necesidad de aprender a depender solo de Dios. Escríbalo a continuación:

_____

_____

_____

Lámpara es a mis pies tu palabra, y luz para mi camino.

SALMO 119:105

Lámpara del Señor es el espíritu del hombre que escudriña lo más profundo de su ser.

PROVERBIOS 20:27

Séptimo: ¡Descanse y espere en el Señor!

Nuestro corazón recibe el verdadero aliento cuando aprendemos a descansar y a esperar en el Señor. ¿En quién podemos entregar nuestra condición del alma y todas nuestras cargas sino en Aquel que ya las llevó?

¡Amad al Señor, todos sus santos! El Señor preserva a los fieles, y retribuye plenamente a los que obran con soberbia. Esforzaos, y aliéntese vuestro corazón, todos vosotros que esperáis en el Señor.

SALMO 31:23-24

Venid a mí, todos los que estáis cansados y cargados, y yo os haré descansar.

MATEO 11:28

MI CONDICIÓN ACTUAL

Para continuar su preparación para el desarrollo de este proceso*, el cual le llevará a alcanzar la vida de Cristo en usted, pase ahora a examinar su condición actual. Esto no se hace recordando los acontecimientos de su vida, ni tampoco mediante el análisis de esos hechos, sino bajo la revelación* del Espíritu Santo. Lea cada uno de los versículos siguientes y busque intimidad con el Señor.

> Por consiguiente, hermanos, os ruego por las misericordias de Dios que presentéis vuestros cuerpos como sacrificio* vivo y santo, aceptable a Dios, que es vuestro culto racional. Y no os adaptéis a este mundo, sino transformaos mediante la renovación de vuestra mente, para que verifiquéis cuál es la voluntad de Dios: lo que es bueno, aceptable y perfecto.
>
> ROMANOS 12:1-2

> Examíname, oh Dios, y sondea mi corazón; ponme a prueba y sondea mis pensamientos. Fíjate si voy por mal camino, y guíame por el camino eterno.
>
> SALMO 139:23-24, NVI

> Examinemos nuestros caminos y escudriñémoslos, y volvamos al Señor.
>
> LAMENTACIONES 3:40

Medite en estos versículos, crea en la misericordia de Dios y preséntese rindiendo su voluntad. Póngase a prueba usted mismo creyendo que Dios ya conoce su corazón, sus pensamientos y todos sus caminos, pues para Él no hay nada oculto. Solo así, podrá dejarse llevar de su mano y vivir la salvación* de su alma, desde hoy y para siempre.

> Y nada hay encubierto que no haya de ser revelado, ni oculto que no haya de saberse. Por lo cual, todo lo que habéis dicho en la oscuridad se oirá a la luz, y lo que habéis susurrado en las habitaciones interiores, será proclamado desde las azoteas.
>
> LUCAS 12:2-3

ACTITUDES QUE DEBEN PREVALECER EN SU CORAZÓN

Ya usted conoce *cómo llegó a este proceso**. A continuación le presentamos estas siete acciones para que medite en ellas y ore a fin de que Dios le dé la revelación* de *la condición actual de su corazón.*

Primera: Preséntese como usted es, no se engañe y sea sincero.

> Pero todas las cosas se hacen visibles cuando son expuestas por la luz, pues todo lo que se hace visible es luz.
>
> EFESIOS 5:13

Segunda: Acéptese con sus defectos y lo bueno que cree tener.

> Porque me rodean males sin número, mis iniquidades me han alcanzado, y no puedo ver; son más numerosas que los cabellos de mi cabeza, y el corazón me falla.
>
> SALMO 40:12

Tercera: Escudriñe su corazón, sondee sus pensamientos y conozca sus inquietudes más profundas.

> Más engañoso que todo, es el corazón, y sin remedio; ¿quién lo comprenderá?
>
> JEREMÍAS 17:9

> Escudríñame, oh Dios, y conoce mi corazón; pruébame y conoce mis inquietudes.
>
> SALMO 139:23

Cuarta: Rinda su voluntad y reconozca su orgullo.

> Por eso dice: DIOS RESISTE A LOS SOBERBIOS PERO DA GRACIA* A LOS HUMILDES.
>
> SANTIAGO 4:6

> Humillaos en la presencia del Señor y Él os exaltará.
>
> SANTIAGO 4:10

Quinta: Exprese con libertad su resistencia al proceso, tan pronto la sienta.*

Enséñame a hacer tu voluntad, porque tú eres mi Dios; tu buen Espíritu me guíe a tierra firme. Por amor a tu nombre, Señor, vivifícame; por tu justicia*, saca mi alma de la angustia.

SALMO 143:10-11

Sexta: No confíe en usted mismo.

Él me ha dicho: Te basta mi gracia*, pues mi poder se perfecciona en la debilidad. Por tanto, muy gustosamente me gloriaré más bien en mis debilidades, para que el poder de Cristo more en mí.

2 CORINTIOS 12:9

Ahora bien, la fe es la certeza de lo que se espera, la convicción de lo que no se ve.

HEBREOS 11:1

Por tanto, el que cree que está firme, tenga cuidado, no sea que caiga.

1 CORINTIOS 10:12

Séptima: Descanse y confíe solo en Dios.

Confía en el Señor, y haz el bien; habita en la tierra, y cultiva la fidelidad. Pon tu delicia en el Señor y Él te dará las peticiones de tu corazón. Encomienda al Señor tu camino, confía en Él, que El actuará; hará resplandecer tu justicia* como la luz, y tu derecho como el mediodía.

SALMO 37:3-6

Venid a mí, todos los que estáis cansados y cargados, y yo os haré descansar. Tomad mi yugo sobre vosotros y aprended de mí, que soy manso y humilde de corazón, y HALLAREIS DESCANSO PARA VUESTRAS ALMAS. Porque mi yugo es fácil y mi carga ligera.

MATEO 11:28-30

¡Le invitamos a que rinda su vida y su corazón ante quien debe reinar en su vida para que viva de ese modo la gloria que Cristo ya ganó para usted!

Ahora, con un corazón sincero y humilde, pase a realizar la siguiente actividad:

¿QUIÉN REINA EN MI VIDA?

Con una actitud de rendición y entrega total reconozca todas las esferas a las que renuncia y se humilla. Repita: «Me humillo y renuncio...» y marque en las conductas señaladas cuando corresponda:

☐ A haber negado la gracia de Dios.

☐ Al control de mi vida, de mi corazón y de mi voluntad.

☐ Al pecado que me cautiva y me asedia.

☐ A los resentimientos que mi «yo» no ha vencido aún.

☐ A la culpabilidad que me castiga.

☐ A los malos hábitos que me persiguen.

☐ A los complejos que me atan.

☐ A las adicciones que me esclavizan.

☐ A los comportamientos compulsivos que me dominan.

☐ A la resistencia al cambio debido a mi orgullo.

☐ A las manifestaciones de mi justicia propia.

☐ A la falsa bondad.

☐ A la crítica.

☐ A mi aislamiento.

☐ A mi inhibición.

☐ A mi agresividad activa* y pasiva*.

☐ A mis mecanismos de defensa*.

☐ A mi orgullo y vanidad.

☐ A la inculpación a otros.

☐ A la murmuración y a emitir juicio.

☐ A las creencias del mundo y del humanismo.

☐ A mi autosuficiencia al enfrentarlo todo solo.

☐ A la religiosidad.

MI
COMPROMISO

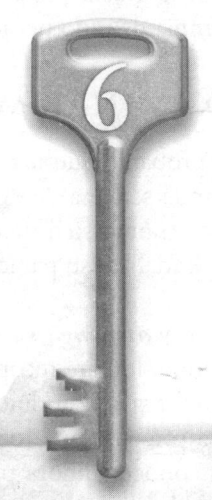

SI CONFESAMOS NUESTROS PECADOS,
ÉL ES FIEL Y JUSTO PARA
PERDONARNOS LOS PECADOS
Y PARA LIMPIARNOS
DE TODA MALDAD.

1 JUAN 1:9

MI COMPROMISO

Establecemos nuestro compromiso con Dios sobre lo que Él desea de nosotros: que seamos sinceros y abramos nuestro corazón para que disfrutemos de su gracia*, su amor, su perdón, su paz y su gloria. Él mismo nos limpia de todo pecado y de toda maldad.

CÓMO VOY A EXAMINAR MI CORAZÓN

Al llegar a este punto, es probable que necesite refrescar lo que se trató en la primera y segunda semana de este libro, es decir, sobre la humillación y la muerte. Ahora usted tiene su corazón dispuesto para escudriñarlo a fondo y analizar su pasado con sinceridad.

Aparte el tiempo necesario y disponga su corazón para escudriñarlo a fondo. De este modo, logrará reconocer sus faltas y confesarlas a Dios. Él conoce sus cargas y su dolor, Él espera amoroso a que se las entregue. Tenga presente que todas las cargas deben ser identificadas, ya usted las conoce y ahora preséntelas por su nombre: Depresión, desengaño, desaliento, traición, dudas, juicios, vergüenza, ira, orgullo, vanidad, lujuria. Luego, presénteselas al Señor. También va a encontrar que algunas cargas tienen nombre y apellido, y han impedido que Dios obre en su vida.

> Venid a mí, todos los que estáis cansados y cargados, y yo os haré descansar. Tomad mi yugo sobre vosotros, y aprended de mí, que soy manso y humilde de corazón; y HALLAREIS DESCANSO PARA VUESTRAS ALMAS. Porque mi yugo es fácil y mi carga ligera.
>
> MATEO 11:28-30

> Lámpara del SEÑOR es el espíritu del hombre que escudriña lo más profundo de su ser.
>
> PROVERBIOS 20:27

Analice su pasado con sinceridad. Vaya a su pasado y revise tanto lo bueno como lo malo. No se concentre solo en las cosas malas, pero no deje nada oculto, pues no queremos exponerlo a un dolor innecesario. Sea sincero con usted mismo en los pros y los contras de su vida. Realice un enfoque equilibrado de usted mismo. No deje que su mente viva de nuevo en el pasado, usted solo necesita examinar y entender ese pasado para permitirle a Dios entrar en él. Solo así Él podrá transformar su vida y darle la vida gloriosa que tiene para usted, como su hijo. De ese modo, podrá glorificar a Dios con su vida.

> Yo he venido para que tengan vida, y para que la tengan en abundancia.
>
> JUAN 10:10

Esto solo es posible por el sacrificio* de Cristo en la cruz:

> Al que no conoció pecado, le hizo pecado por nosotros, para que fuéramos hechos justicia* de Dios en Él.
>
> 2 CORINTIOS 5:21

Confiese sus pecados con sinceridad. La Biblia dice respecto a la confesión:

> Si confesamos nuestros pecados, Él es fiel y justo para perdonarnos los pecados y para limpiarnos de toda maldad.
>
> 1 JUAN 1:9

Prepárese siempre en oración para continuar y tome ánimo. Dedique todo el tiempo que requiera, llénese de la fortaleza y la determinación necesarias para completar y afrontar con transparencia cada uno de los cuestionarios y tablas de este diario, que ahora es su diario, y verá que valió la pena el esfuerzo. Esto le permitirá presentarle a Dios su vida de una forma sencilla y confesarle sus pecados con sinceridad, de modo que Él le muestre su obra en usted.

Su cuota de responsabilidad personal. Solo usted puede tomar la decisión de realizar los cambios necesarios para llevar una vida plena

en Cristo. Por eso debe ser activo. Para eso necesitará un tiempo apartado con el Señor, en silencio, buscando su rostro o adorándolo, con la mente en blanco y sin pensar en su problema. Decida que este proceso* va a marcar la gran victoria de Jesucristo en su vida. La decisión es solo suya.

Ore para que el Señor le dé un corazón humillado. Con un corazón humillado el Señor le rescatará de la mentira en que se ha visto sumergido. Solo necesita esperar que Él le revele la respuesta a sus preguntas.

> Encomienda al Señor tu camino, confía en Él, que Él actuará.
>
> SALMO 37:5

Dios, en su misericordia, promete limpiarnos de todo pecado:

> Venid ahora, y razonemos —dice el Señor— aunque vuestros pecados sean como la grana, como la nieve serán emblanquecidos; aunque sean rojos como el carmesí, como blanca lana quedarán.
>
> ISAÍAS 1:18

Lo que haya respondido en «Cómo llegué al proceso*» en la quinta semana «Mi preparación» y lo que responda en «Cómo me veo yo» *, va a ser fundamental a la hora de dar su testimonio. Así podrá comparar cómo llegó y cómo está en el momento en que finalice y estará preparado para experimentar el nuevo cambio de cómo se ha manifestado en usted la vida gloriosa de Jesús resucitado.

No olvide tener presente las indicaciones para realizar este proceso*. Realícelo siempre de *dos en dos*. Esto es lo recomendable, ya que de esta forma no lo abandonará y servirá de motivación mutua para tener con quién orar y hablar de sus adelantos. Como señalamos antes, aparte de tener un compañero, o un mentor, esto es bíblico:

> Más valen dos que uno solo, pues tienen mejor remuneración por su trabajo.
>
> ECLESIASTÉS 4:9

Recuerde que con el apoyo del mentor, y con la dirección del Espíritu Santo, usted va a vivir a plenitud:

- La revelación* del verdadero significado de la salvación* del alma.
- El reconocimiento de sus pecados y el morir a este hábito.
- El entender que en la cruz su carne* ya fue crucificada.
- El vivir la resurrección.
- El disfrute del reino de los cielos en la tierra y desde ahora.
- El dar de gracia* todo lo que ha recibido por la gracia* de Dios.
- El vivir *la vida gloriosa* de los hijos de Dios.

TABLA #1

CÓMO ME VEO YO

EL PASADO		EL PRESENTE	
LO BUENO	LO MALO	LO BUENO	LO MALO

MI CONFIANZA SOLO ESTÁ EN DIOS

Le sugerimos que se aparte de todo y disponga del tiempo suficiente. Que le entregue a Dios esta cita en su presencia. Que le dé el honor al Espíritu Santo de llenar su vida para que puedan fluir sus confesiones y sus faltas. Que le permita a Dios obrar en usted.

¿Ha confiado en Dios o en usted mismo? Lea Mateo 6:24.

_____

_____

_____

¿Cómo fue su relación con su padre terrenal?

☐ ¿La tuvo?   ☐ ¿Fue buena?
☐ ¿Mala?   ☐ ¿Difícil?
☐ ¿No la tuvo?   ☐ ¿Le abandonaron?

¿Qué le ha impedido relacionarse con Dios Padre?

_____

_____

_____

4. ¿Por qué no se ha acercado más a Dios Padre?

_____

_____

_____

No se detenga, siga adelante y crea en la misericordia de Dios

Por lo tanto, hermanos, tomando en cuenta la misericordia de Dios, les ruego que cada uno de ustedes, en adoración espiritual, ofrezca su cuerpo como sacrificio* vivo, santo y agradable a Dios.

ROMANOS 12:1

¿Ha negado su dolor en los momentos de crisis? Lea Jeremías 6:14.

_____

¿Está dispuesto a aceptar que algunas esferas de su vida no las ha podido corregir? Lea el Salmo 40:12.

_____

Enumere las esferas de su vida que están fuera de su control. (Véase Lucas 12:2-3).

_____

_____

_____

¿Está dispuesto a dejar los comportamientos y hábitos que le han impedido ser libre y que lo mantienen atado? Tome una decisión de corazón.

_____

_____

_____

¿Cuál ha sido su preocupación constante y qué ha hecho para corregirla?

_____

_____

_____

6. ¿En qué, o en quién, tiene puesta su seguridad?

_____

REPITA ESTA BUENA NOTICIA

Dios nos dice que nos aceptará, purificará y nos declarará sin culpa, si dejamos por fe que Jesucristo nos limpie de pecados.

La justicia* de Dios ha sido manifestada, atestiguada por la ley y los profetas; es decir, la justicia* de Dios por medio de la fe en Jesucristo, para todos los que creen; porque no hay distinción.

ROMANOS 3:21-22

Ahora, siga adelante para buscar las instrucciones de Dios. Solo Él puede renovar su mente a través de su Palabra.

¿Qué le ocurrió en el pasado o en el presente que le causa temor o inseguridad? (Véase Job 17:11).

_____

_____

_____

¿Ha buscado ayuda para sanar sus resentimientos y heridas? Si su respuesta es afirmativa, explíquelas y señale en qué tiempo.

_____

_____

_____

¿En qué esferas de su vida ha sido egoísta? Sea explícito. (Véase Eclesiastés 11:4).

_____

_____

_____

¿Qué problemas lo han llevado a confiar solo en usted? (Véase Salmo 143:10). Sea explícito y sincero consigo mismo.

_____

_____

_____

_____

¿Admite que ha padecido de ira?_____

¿Es en estos momentos una emoción que reina en su corazón y determina su conducta? (Véase Efesios 4:31).

_____

_____

_____

¿Cuál es la raíz de sus temores?

☐ Personas   ☐ Objetos

☐ Acontecimientos   ☐ Algún lugar o espacio físico

¿Ha sentido soledad o se siente solo en la actualidad? Sí o no, ¿por qué?

_____

_____

_____

¿Es la soledad una opción constante para usted? Sí o no, ¿por qué?

_____

_____

_____

¿Se ha encontrado atrapado en su autocompasión en algún momento?_____

¿Es la autocompasión uno de sus hábitos? (Véase Proverbios 20:27).

_____

¿Ha tenido pensamientos deshonestos consigo mismo o con otras personas?_____

¿Se considera culpable de las situaciones que lo agobian? Sí o no, ¿por qué?

_____

_____

_____

¿A quién culpa por las mismas?

_____

_____

_____

¿Es una constante el culpar a otros?

_____

_____

_____

¿Qué le ha ocurrido en el pasado, o en el presente, que le causa temor o inseguridad? (Véase Job 17:11).

_____

_____

_____

MI DECISIÓN DE PERDONAR

El perdón es uno de los principios más importantes que Dios nos enseña en su Palabra para sanar el corazón y poder vivir en libertad. Si no hay perdón, nos mantenemos en esclavitud debido a nuestras faltas y pecados. Por eso antes de intentar seguir adelante, Dios quiere que perdonemos primero:

> Por tanto, si estás presentando tu ofrenda en el altar, y allí te acuerdas que tu hermano tiene algo contra ti, deja tu ofrenda allí delante del altar, y ve, y reconcíliate primero con tu hermano, y entonces ven y presenta tu ofrenda.
>
> MATEO 5:23-24

Jesús nos enseña lo importante que es perdonar y nos ordena que lo hagamos:

Perdónanos nuestras deudas, como también nosotros perdonamos a nuestros deudores.

MATEO 6:12

No juzguéis, y no seréis juzgados; no condenéis, y no seréis condenados; perdonad, y seréis perdonados.

LUCAS 6:37

Porque si perdonáis a los hombres sus transgresiones, también vuestro Padre celestial os perdonará a vosotros. Pero si no perdonáis a los hombres, tampoco vuestro Padre perdonará vuestras transgresiones.

MATEO 6:14-15

No os adaptéis a este mundo, sino transformaos mediante la renovación de vuestra mente, para que verifiquéis cuál es la voluntad de Dios: lo que es bueno, aceptable y perfecto.

ROMANOS 12:2

Sed más bien amables unos con otros, misericordiosos, perdonándoos unos a otros, así como también Dios os perdonó en Cristo.

EFESIOS 4:32

Todos tenemos recuerdos dolorosos, ya sean muchos o pocos. Es posible que se deban a nuestros temores o a las circunstancias que vivimos, lo que escuchamos, lo que vimos, las cosas que nos hicieron o las situaciones que estemos viviendo. También tenemos recuerdos de nuestros sueños frustrados como consecuencia de las personas que, a pesar de que tenían la responsabilidad de protegernos, no lo hicieron.

También recordaremos a muchas otras personas que nos causaron dolor, de una forma u otra, bien sea porque fuimos víctimas de abuso o porque nos abandonaron. Todos estos recuerdos nos atan y producen ira, impotencia, amargura, juicios y votos internos. Como resultado de todo esto, nos sumergimos en emociones negativas muy profundas que pueden desencadenar más dolor y daños emocionales mayores.

> Pero a quien perdonéis algo, yo también lo perdono; porque en verdad, lo que yo he perdonado, si algo he perdonado, lo hice por vosotros en presencia de Cristo, para que Satanás no tome ventaja sobre nosotros, pues no ignoramos sus ardides.
>
> 2 CORINTIOS 2:10-11

> Entonces se le acercó Pedro, y le dijo: Señor, ¿cuántas veces pecará mi hermano contra mí que yo haya de perdonarlo? ¿Hasta siete veces? Jesús le dijo: No te digo hasta siete veces, sino hasta setenta veces siete.
>
> MATEO 18:21-22

Cuando perdonamos, nos liberamos y nos deshacemos de nuestros juicios, ira, vergüenza, falsa culpa, depresión, ansiedad, negación, amargura y desvalorización. Además, el perdón nos libera de la desconfianza y de todas las consecuencias que ya se han sembrado en nuestra vida emocional por la falta de perdón y que nos han acarreado más problemas como: sentimientos de amargura y dolor, quebrantos en la salud física, falta de gozo, aislamiento etc. También el perdón nos permite deshacernos de las dificultades que nos impedían relacionarnos de manera libre con Jesús y el cuerpo de Cristo, al igual que con la familia y, muy importante, con usted mismo.

Reflexione en esto: Muchos piensan que perdonar solo significa pasar por alto las faltas cometidas en su contra, como si nada hubiera ocurrido. Estas personas piensan de muy buena fe que, con esa actitud de corazón de hermanos en Cristo, amables y llenos de ternura, agradan a Dios. Lo que hacen en realidad es impedir que llegue a sus vidas y a la del ofensor, el *poder de la gracia** que no niega el pecado, lo reconoce, pero perdona y restaura al pecador. ¿Ha decidido perdonar para ser un vencedor en Cristo? Si es así siga a la próxima tabla.

TABLA #2

EL PERDÓN

PERSONAS Y SITUACIONES	
PERSONA	
CUÁNDO	
HECHO O CIRCUNSTANCIA	
CONSECUENCIA	
EFECTO EN SU VIDA	
SU RESPONSABILIDAD EN EL HECHO	
SU ACTITUD ANTE LA PERSONA	
PERDONE	

SUPERACIÓN DE MI PRUEBA DEL PERDÓN

¿¿Alguna vez se ha preguntado de qué manera puede superar la prueba del perdón? Sin duda alguna, usted puede lograrlo. El perdón no tiene nada que ver con un sentimiento o estado emocional especial que deba experimentar, ni está en función de que otra persona nos pida que la perdonemos. Usted no tiene que preocuparse porque no «sienta» el perdón, ya que es una decisión y no es un sentimiento. Por esto, Jesús se lo ordena a todos los que seguimos su caminar. Si guarda rencor contra alguien que ha cometido alguna falta en su contra, déjelo libre en este mismo instante al perdonarlo. Al hacerlo, no solo libera a esa persona, sino que se libera usted mismo. Deje obrar con libertad el espíritu de reconciliación que traerá su plena libertad y también su restitución.

Continúe con el proceso* de perdonar y busque el equilibrio. No dependa de su propio entendimiento ni de circunstancias especiales para perdonar. Renueve su mente con la Palabra de Dios:

> Y no os adaptéis a este mundo, sino transformaos mediante la renovación de vuestra mente, para que verifiquéis cuál es la voluntad de Dios: lo que es bueno, aceptable y perfecto.
>
> ROMANOS 12:2

El perdón siempre será una prueba que debemos superar a cada momento a medida que recordamos que a nosotros también nos perdonaron.

UNA CITA CARA A CARA CON DIOS EN INTIMIDAD

¿Qué significa tener una cita con Dios? Es poner nuestra mirada en Dios y olvidarnos de todas las personas y las circunstancias que nos separan de Él. Es volverse hacia Él para buscarlo y esperar solo en Él. Piense y medite en Dios y en su Palabra. Búsquelo en intimidad o, de lo contrario, se va a sentir avergonzado, confundido, desacreditado, aturdido y temeroso durante este proceso*, ya que actuará en sus propias fuerzas:

> Busqué al Señor, y Él me respondió, y me libró de todos mis temores. Los que a Él miraron, fueron iluminados; sus rostros jamás serán avergonzados.
>
> SALMO 34: 4-5

Ahora pasemos a ese momento de intimidad, busque la presencia de Dios y humíllese reconociendo que primero necesita perdonarse a usted mismo. Dios ve su corazón y en estos momentos lo más importante para Él es ver si hay sinceridad en su corazón. En esta intimidad, proceda a responder estas preguntas:

¿A qué lugar se retirará para tener un tiempo en silencio con usted mismo y a tener una cita con Dios?

_____

_____

_____

Ante Dios, y sin engañarse, ¿cómo se ve a sí mismo?

_____

_____

_____

¿De qué forma considera que ha abusado o maltratado su cuerpo?

_____

_____

_____

¿Ha exagerado para lucir mejor, ya que se ha sentido inadecuado?

_____

_____

¿Qué decisiones, actividades o acciones está realizando, o ha realizado, que le hayan causado daño a su cuerpo o se lo estén causando?

- ☐ ¿Comida?
- ☐ ¿Alcohol?
- ☐ ¿Relación sexual?
- ☐ ¿Drogas o alguna sustancia química?

¿De qué forma cultiva su mente?

_____

_____

_____

¿Cómo llena los vacíos de su mente?

_____

_____

_____

¿Cómo invierte su tiempo?

_____

_____

_____

¿Ve películas que atentan contra la vida o le afectan su estado de ánimo?

_____

¿La pornografía es una adicción en su vida?

_____

¿Lee libros no edificantes que considere perjudiciales en potencia?

_____

¿Ve programas de TV que le roban tiempo?

_____

¿Hay algunas otras cosas no nombradas?

_____

_____

¿Ha resistido a Dios al no creer que Él es verdadero?

_____

¿Existe algún secreto en su vida que esconde y que nadie conoce?_____

¿Ha habido transformación en su mente desde que conoció al Señor?_____

¿Qué hábitos o costumbres de su vida ha abandonado o ya no práctica?

_____
_____
_____
_____

¿Cuáles son sus prioridades en la vida?

_____
_____
_____
_____

¿Se ha quejado en forma constante de lo que le sucede, o de las circunstancias que ha enfrentado, o de alguna persona en particular?_____

¿Ha explotado a alguien o lo han explotado a usted?_____

¿Siente pena o vergüenza de sí mismo?_____

¿Existe algo en su pasado que todavía le cause ansiedad, dolor, tristeza y que aún no pueda perdonarse?_____

¿Ha robado cosas?_____

¿Se ha sentido tentado a robar?_____

¿Es esto un hábito?_____

¿En qué circunstancias y en qué esferas de su vida ha utilizado la falsa humildad* como un recurso o como una salida en situaciones difíciles?

_____

_____

_____

¿Se comporta o ha vivido en falsa humildad*?

- ☐ Con usted mismo.
- ☐ En el trabajo.
- ☐ En su círculo social.
- ☐ En su casa.
- ☐ En su iglesia.

¿Se ha considerado su propio juez o de los demás?_____

¿La murmuración es un hábito en usted?_____

¿Ha podido corregir el control y su justicia* propia en los momentos difíciles o durante las crisis que le han tocado vivir?

_____

Ahora, Dios le invita a que regrese a Él. Así que abra la puerta de su alma y disponga su corazón. Dios le está esperando con los brazos abiertos.

> Yo sanaré tu apostasía, los amaré generosamente pues mi ira se ha apartado [...] cultivarán de nuevo el trigo y florecerán como la vid.
>
> OSEAS 14:4, 7

Todo el libro de Oseas declara con certeza de que a los que se vuelven al Señor les aguarda cosas muy buenas, y estas son para usted también. El plan eterno de su Creador va más allá de la condición de pecado del hombre caído, por eso le invita a que regrese a Él.

El reconocimiento de mis pecados y su confesión

Dios quiere borrar de su vida cualquier pecado que le haya mostrado y sanar su corazón. También quiere que sea libre de todo lo que le contamina y lo asedia sin cesar. Él conoce su cansancio y su agotamiento y desea que reciba el perdón definitivo por sus pecados. Él quiere darle el mejor de todos los regalos: Su gracia* liberadora y restauradora que tiene reservada para usted.

> Por tanto, puesto que tenemos en derredor nuestro tan gran nube de testigos, despojémonos también de todo peso y del pecado que tan fácilmente nos envuelve, y corramos con paciencia la carrera que tenemos por delante, puestos los ojos en Jesús, el autor y consumador de la fe, quien por el gozo puesto delante de Él soportó la cruz, menospreciando la vergüenza, y se ha sentado a la diestra del trono de Dios. Considerad, pues, a aquel que soportó tal hostilidad de los pecadores contra sí mismo, para que no os canséis ni os desaniméis en vuestro corazón. Porque todavía, en vuestra lucha contra el pecado, no habéis resistido hasta el punto de derramar sangre.
>
> HEBREOS 12:1-4

No olvide que el pecado es implacable, y como Satanás es el engañador, va a tratar de impedirle su encuentro con Dios. Ore mientras se aparta un tiempo para presentarse cara a cara con usted mismo y pídale a Dios que le muestre todo lo que está manteniendo su vida triste, sin gozo, apartada, cansada, reseca, sumergida en sus propios juicios y todo lo que lo mantiene alejado de Él.

Pídale que sea específico al revelarle todo lo que necesita reconocer y confesar. Confíe en Él, abra su corazón y entienda que Jesús no murió por accidente, sino que entregó su vida en forma libre. «Él entregó su vida hasta la muerte» en la cruz por obediencia y de forma voluntaria por su causa y la mía, para nuestra salvación*.

Ore, y en intimidad, pídale a Dios que le presente todas sus faltas como las ve Él. Así puede tener un diagnóstico profundo, claro, preciso y específico que le ayude a ser sincero y transparente primero con usted mismo y después con todas las personas que le muestre Él.

Si a medida que avanza en este, su diario, siente que está ocultando algún pecado, es porque El Espíritu Santo está obrando y dándole la convicción de pecado. Abra sus oídos y sus ojos espirituales, pues Dios se lo está presentando con el fin de liberarlo a fin de que lo recuerde y lo traiga a la luz. En realidad, Dios le está manifestando que lo ama cuando trae a la luz lo oculto, pues esta es la primera manifestación de su gracia*. Confíe en Él y siga adelante.

Pase ahora a la tabla # 3. Para responder la pregunta de la *primera columna*, debe reconocer antes que a Dios le desagrada el pecado, lo repudia y, además, lo entristece. Exponga, entonces, el pecado tal cual su Padre celestial se lo ha presentado y lo ve, no lo encubra. Es mentira que haya pecados pequeños y pecados grandes, todos son pecados.

En la *segunda columna*, debe reconocer y ver el pecado tal cual se le presenta. No se sienta culpable consigo mismo. Recuerde que es su pecado, y aunque está en usted, ya no lo desea más. Asimismo, durante este Proceso* de Restauración* es que, en efecto, va a dejar todas sus faltas atrás. Si tiene alguna duda al llenar la *tercera columna*, lea de nuevo «La muerte del hombre», en la segunda semana. Esto le permitirá realizar un diagnóstico sincero y profundo.

Sobre este Proceso* hay revelación* y promesas. Es más, se cumplirá el propósito de Jesús de restaurar su corazón herido y de liberarlo de cualquier cautividad por muy oculta que esté.

TABLA #3

EL RECONOCIMIENTO
DE MI PECADO

Hay camino que al hombre le parece derecho, pero al final, es camino de muerte.

PROVERBIOS 14:12

¿CÓMO ME VE DIOS?	¿CÓMO ME VEO YO?	DIAGNÓSTICO

CONFESIÓN DEL PECADO ENCUBIERTO

¿CÓMO SE LE HA MOSTRADO?

Le sugerimos que confiese su pecado con entera libertad y resuelva sus conflictos. Sin duda alguna, le va a causar mucha vergüenza y dolor. Sin embargo, no se engañe más, Dios se lo confirma cuando dice: «Sabed que vuestro pecado os alcanzará» (Números 32:23). Además, «el que encubre su pecado no prosperará» (Proverbios 28:13). Esto significa que el pecado siempre lo va a decepcionar y lo va a atormentar con el fin de que pierda la paz y el gozo. En realidad, su pecado lo va a perseguir y lo mantendrá cansado.

No crea que usted mismo será capaz de superar sus propios engaños. No obre más en sus propias fuerzas, sino hágalo en el poder del Espíritu Santo. Tenga presente que de Dios nadie se burla, así que no se mienta más, ya que el plan eterno de Dios para su vida no se frustrará por su pecado, ni por su desobediencia.

CONFESIÓN DE MIS PECADOS

Si confesamos nuestros pecados, Él es fiel y justo para perdonarnos los pecados y para limpiarnos de toda maldad.

1 JUAN 1:9

La siguiente acción, «Confesión de pecados», le ayudará a hacer una confesión sincera y casi completa. Si es sincero consigo mismo, lo logrará. Así que sea muy específico y no tema, pues el Espíritu

Santo lo va a guiar y le dará convicción de su pecado. En su Palabra, el Señor le pregunta:

> ¿Y qué es lo que demanda el Señor de ti, sino solo practicar la justicia*, amar la misericordia, y andar humildemente con tu Dios?
>
> MIQUEAS 6:8

Si usted ha realizado todo lo que se le ha indicado hasta aquí y se pregunta: «¿Qué viene ahora?», va a pensar: «Me siento muy mal con todos mis pecados». Entendemos su dolor, pues ya nosotros pasamos por lo que ahora vive y experimenta. Sin embargo, ¡siga adelante que su recompensa será grande ya que viene de su Padre y Creador!

Dios está preparando su corazón para liberarlo, sanarlo, sacarlo de su cautividad y de toda la mentira que ha creído. Confíe en que Dios es amor y tiene poder. Él borrará toda esa vergüenza y el dolor más profundo que siente, y traerá restauración* a su vida.

En la Palabra hay promesas de que Dios lo está respaldando en estos momentos, Él le dice que siempre le ha cuidado:

> Así dice el Señor que te creó, que te formó desde el seno materno, y que te ayudará: «No temas».
>
> ISAÍAS 44:2

> Venid ahora, y razonemos —dice el Señor— aunque vuestros pecados sean como la grana, como la nieve serán emblanquecidos; aunque sean rojos como el carmesí, como blanca lana quedarán.
>
> ISAÍAS 1:18

Medite en este versículo, reciba la promesa de la transformación total de los pecados del rojo carmesí a la blanca lana.

¡Qué profundo es el amor del Padre hacia nosotros! ¡Ese amor no tiene medida! Es el único amor que nos saca de la esclavitud de nuestros pecados y luego nos recoge y abraza como sus hijos.

> Pero Dios demuestra su amor para con nosotros, en que siendo aún pecadores, Cristo murió por nosotros.
>
> ROMANOS 5:8

Después que usted haya reconocido el pecado, pase al compromiso de la «Confesión de pecados». Para eso, debe dedicar el tiempo que necesite a solas con el Señor y disponer su corazón para confesar todo el pecado según se le presente.

> Porque también Cristo murió por los pecados una sola vez, el justo por los injustos, para llevarnos a Dios, muerto en la carne* pero vivificado en el espíritu.
>
> 1 PEDRO 3:18

A medida que avanza, sea sincero consigo mismo y con su Padre. Además, medite en la Palabra:

> Y cuando estabais muertos en vuestros delitos y en la incircuncisión de vuestra carne*, os dio vida juntamente con Él, habiéndonos perdonado todos los delitos, habiendo cancelado el documento de deuda que consistía en decretos contra nosotros y que nos era adverso, y lo ha quitado de en medio, clavándolo en la cruz.
>
> COLOSENSES 2:13-14

Los pecados que se enumeran en 2 Timoteo 3:1-5 evidencian que al hombre lo están engañando y que va de mal en peor. De ahí que se esté destruyendo a sí mismo con su conducta. Estos pecados resultan muy evidentes:

Porque los hombres serán...

_____ amadores de sí mismos	_____ avaros
_____ jactanciosos	_____ soberbios
_____ blasfemos	_____ desobedientes a
_____ ingratos	los padres
_____ sin amor	_____ irreverentes
_____ calumniadores	_____ implacables
_____ salvajes,	_____ desenfrenados

_____ traidores   _____ aborrecedores
_____ envanecidos   de lo bueno
_____ apariencia de piedad   _____ impetuosos
_____ amadores de los
        placeres en vez de
        amadores de Dios

Siempre aprendiendo, pero que nunca pueden llegar al pleno conocimiento de la verdad. Y así como Janes y Jambres se opusieron a Moisés, de la misma manera estos también se oponen a la verdad; hombres de mente depravada, reprobados en lo que respecta a la fe. Pero no progresarán más, pues su insensatez será manifiesta a todos, como también sucedió con la de aquellos dos.

2 TIMOTEO 3:7-9

La seguridad del perdón de los pecados que usted va a confesar

Cuando Jesús fue crucificado, lo colocaron entre dos malhechores como estaba establecido en las Escrituras:

Con los transgresores fue contado, llevando Él el pecado de muchos, e intercediendo por los transgresores.

ISAÍAS 53:12

No es que Él hubiera sido pecador, sino que lo trataron como tal y lo crucificaron entre dos ladrones. Además, estos criminales, en ese momento crucial de sus vidas tuvieron actitudes y comportamientos opuestos por completo. Uno desafiaba al Señor con insultos y sarcasmos, mientras que el otro reprendía a este último y reconocía sus pecados y lo merecido del castigo que ambos recibían. Así que en ese instante, en un acto de humildad* y rendición de su corazón, clamó a Jesús por misericordia.

¿Cuál de estos dos pecadores es usted? ¿El que no quiere morir y pide que le bajen de la cruz o el que reconoce su pecado, muere a su carne* y confía en el sacrificio* de Cristo? Esto es para que no desfallezcamos y entendamos como pecadores que nuestra entrega y reconocimiento del pecado debe ser voluntaria, así como Jesús también se ofreció de manera voluntaria a ocupar el lugar del peor de los pecadores. Los pecadores podemos ser salvos, pero debemos creer en Él para serlo.

Cristo llevó todos los pecados sobre su cuerpo en la cruz. Él pagó por nuestro pecado cuando lo tomó sobre sí mismo y nos sustituyó.

> Y Él mismo llevó nuestros pecados en su cuerpo sobre la cruz, a fin de que muramos al pecado y vivamos a la justicia*, porque por sus heridas fuisteis sanados.
>
> 1 PEDRO 2:24

La tabla #4, que aparece a continuación, le facilita la confesión de sus pecados. Márquelos, y si desea escribir algún comentario que le traiga luz a situaciones vividas o aclare dudas, puede hacerlo en la línea indicada.

También puede identificar si algún pecado fue por línea generacional, si lo adquirió por copiar al mundo, si ya es corrupción de su carne*, si es un hábito o una conducta compulsiva y qué tan difícil le resulta confesarlo.

TABLA #4

CONFESIÓN DE PECADOS

Y cuando estabais muertos en vuestros delitos y en la incircuncisión de vuestra carne, os dio vida juntamente con Él, habiéndonos perdonado todos los delitos, habiendo cancelado el documento de deuda que consistía en decretos contra nosotros y que nos era adverso, y lo ha quitado de en medio, clavándolo en la cruz. Y habiendo despojado a los poderes y autoridades, hizo de ellos un espectáculo público, triunfando sobre ellos por medio de Él.

Colosenses 2:13-15

❑ Abuso de poder:

❑ Adicciones:

❑ Amargura (consigo u otros):

❑ Ansiedad:

❑ Autoritarismo:

❑ Autosuficiencia:

❑ Avaricia:

❑ Baja autoestima:

❑ Borrachera:

❑ Bulimia:

❑ Carencia de amor:

❑ Celotipia:

❑ Codependencia:

❑ Contención:

❑ Codicia:

❑ Conmiseración propia:

❑ Crítica:

❏ Descontrol sexual:

_____

❏ Depresión (habitual o esporádica):

_____

❏ Dogmatismo:

_____

❏ Egocentrismo:

_____

❏ Engaño:

_____

❏ Enojo:

_____

❏ Envidia (personas u objetos):

_____

❏ Falsa modestia:

_____

❏ Falta de control:

_____

❏ Falta de perdón:

_____

❏ Fanatismo (en qué esferas):

_____

❏ Gula (¿tiene sobrepeso?):

_____

❏ Hipercrítica:

_____

❏ Hipersensibilidad:

_____

❏ Homosexualidad:

_____

❏ Hostilidad:

_____

❏ Hostigador o acosador:

_____

❑ Inculpación propia:

_____

❑ Indiferencia total:

_____

❑ Inhibición:

_____

❑ Impaciencia como práctica:

_____

❑ Impulsividad incontrolable:

_____

❑ Inseguridad:

_____

❑ Ira o furia:

_____

❑ Jactancia (alabanza propia):

_____

❑ Juicio:

_____

❑ Justicia propia:

_____

❑ Justificación propia:

_____

❑ Materialismo:

_____

❑ Manipulación:

_____

❑ Miedo:

_____

❑ Mentira:

_____

❑ Negativismo:

_____

❑ Obstinado o inflexible:

_____

❑ Odio (desear el mal): _____

❑ Ocultismo: _____

❑ Orgullo: _____

❑ Pasiones: _____

❑ Pasividad: _____

❑ Pensamientos impuros: _____

❑ Pereza extrema: _____

❑ Prejuicios (señálelos): _____

❑ Profanidad: _____

❑ Robo: _____

❑ Sarcasmo e ironía: _____

❑ Sermoneo: _____

❑ Vanidad: _____

❑ Votos internos (especifique): _____

_____

_____

_____

_____

_____

_____

SENTIMIENTOS DE:

☐ abatimiento:

☐ desesperanza:

☐ desolación:

☐ envidia:

☐ impotencia:

☐ inseguridad:

☐ inutilidad:

☐ melancolía:

☐ nostalgia:

☐ pasión extrema:

☐ rechazo:

☐ rebeldía:

☐ rencor:

☐ soledad:

☐ tristeza:

☐ vanidad:

MIS ADICCIONES

El pecado es una adicción que nos mantiene esclavizados día a día. Pablo nos lo advierte:

> ¿No sabéis que cuando os presentáis a alguno como esclavos para obedecerle, sois esclavos de aquel a quien obedecéis, ya sea del pecado para muerte, o de la obediencia para justicia*?
>
> ROMANOS 6:16

Si toma la decisión de someterse a la obediencia del Padre como lo hizo Jesús, obtendrá también el galardón de justicia* que ya le pertenece.

Tenga presente que nos convertimos en esclavos de todo lo que obedecemos, bien sea una persona, una sustancia, un objeto o un deseo. Si ha inclinado su oído y ha escuchado una voz interior que lo insta y lo motiva a hacer lo que escucha, y le dice: «¿Por qué no pruebas?», es porque ya de por sí lo ha hecho en su corazón. Puede ser que hasta ya se deje llevar por esa voz interior que lo invita sin cesar a hacer algo que le produce mucho placer. Hágase ahora esta pregunta: ¿Es acaso que ya me domina esa voz interior que me lleva a alguna adicción?

¿Será que usted ya es un esclavo de su propia adicción?

> Porque lo que hago, no lo entiendo; porque no practico lo que quiero hacer, sino que lo que aborrezco, eso hago. Y si lo que no quiero hacer, eso hago, estoy de acuerdo con la ley, reconociendo que es buena. Así que ya no soy yo el que lo hace, sino el pecado que habita en mí.
>
> ROMANOS 7:15-17

Responda esta pregunta enfrentándose a usted mismo, aunque se sienta molesto o enojado con las personas que hemos escrito este libro. Si lo hace, logrará librarse de toda atadura que le impide comportarse como un verdadero hijo de Dios.

¿Se ha preguntado cómo llegó hasta aquí?

De hecho, dentro de nosotros mismos ya teníamos la sentencia de muerte, a fin de que no confiáramos en nosotros mismos, sino en Dios que resucita a los muertos.

2 CORINTIOS 1:9

Confiese todo lo que justificó, desestimó y a lo que no le dio importancia, pues ahora lo tiene delante. Diga y reconozca: «Este es mi pecado y es por mi culpa. Soy el único culpable, pues lo hice».

MANTÉNGASE EN ORACIÓN

Aquí le mostramos un modelo* de oración.

Señor:

Gracias por este proceso y por este tiempo. Gracias por haberme presentado todas mis faltas, las que puedo ver ahora con claridad. Así mismo, asumo la responsabilidad por todos mis pecados, los cuales ya conoces. Me entrego a ti y me humillo ante ti. Gracias por mostrarme todo lo que ha mantenido mi vida apartada de ti y ha resecado mi corazón. Reconozco todos mis pecados, los cuales han sido alimento para mi corazón por años. Te pido que me permitas presentarlos a ti en una forma definitiva, y morir a ellos. Quiero ponerlos al descubierto y traer a la luz todo lo que haya en mi corazón, para poder recibir el perdón que ya me diste en la cruz y poder vivir libre de toda atadura y cautividad. Me acerco a ti con fe para que obres en mi vida y para que me ayudes a librarme para siempre del pasado y del pecado que me asedia a cada momento. En el nombre de Jesús, amén.

TABLA #5

LAS ADICCIONES

Gran parte de la población mundial sufre de algún tipo de adicción por lo que en todas las familias hay alguien con este tipo de problema. Esto refleja una misma realidad: Hay un vacío existencial, una vida sin sentido y carente de objetivos e ilusiones, que le quita a la persona su libertad, y la hace esclava de sí misma a la vez que la hace dependiente de alguien o de algo. Esto no es más que es el resultado de la falta de identidad en Cristo, pues no se tiene la convicción de ser hijos de Dios. Pase ahora a reconocer sus propias adicciones:

GENERALES:

❏ al trabajo
❏ a la pareja
❏ a la posición laboral
❏ al prestigio
❏ a la imagen
❏ al reconocimiento
❏ a agradar
❏ al poder
❏ al yo
❏ al sexo
❏ a los amigos
❏ a la computadora
❏ al celular
❏ a la Internet
❏ a las charlas en línea
❏ a los juegos de azar
❏ al gimnasio

❏ las compras compulsivas
❏ a la comodidad
❏ a la seducción
❏ a la música
❏ a la televisión
❏ a la comida
❏ a las bebidas gaseosas
❏ a los dulces
❏ a las prácticas religiosas
❏ al activismo
❏ al servicio compulsivo
❏ al ocio
❏ al culturismo
❏ a los videojuegos
❏ a los mensajes de texto
❏ a la pornografía

SUSTANCIAS:

- ☐ alcohol
- ☐ tabaco (nicotina)
- ☐ esteroides anabólicos
- ☐ mariguana
- ☐ cocaína
- ☐ morfina
- ☐ heroína

- ☐ éxtasis
- ☐ alucinógenos
- ☐ crack
- ☐ hipnóticos y sedantes
- ☐ químicos para inhalar
- ☐ metadona
- ☐ metanfetamina

Una vez que termine la confesión de pecados, pase a la siguiente tabla: «Camino a la restitución». Para esto, en la primera columna, «Mi pecado y el daño causado», deberá ir anotando cada uno de los pecados confesados en las tablas #4 y #5 y aceptar el daño causado, uno a uno. En la columna «Su efecto», va a escribir con sinceridad el efecto de ese pecado. En la columna «La restitución», va a rendirse, perdonándose primero a usted mismo, luego a las personas afectadas y entonces va a pasar a restituir su actitud y su conducta. De esta forma verá profundos cambios en su verdadera vida en Cristo.

En la primera línea hay un ejemplo.

TABLA #6

CAMINO A LA RESTITUCIÓN

PECADO CONFESADO Y DAÑO CAUSADO	SU EFECTO	LA RESTITUCIÓN
Abuso: Reconozco que abuso de la autoridad con mis hijos.	Mi relación con ellos se ha vuelto un desastre. No me obedecen y me deshonran.	Debo pedirles perdón y corregir mi actitud y mi conducta.

Ahora pase a la tabla «Día a día y el arrepentimiento». Aquí va a completar su proceso* de cambios definitivos y radicales para su vida. Su arrepentimiento es definitivo y real. Pídale a Dios la fuerza para mantenerse firme. Así podrá liberarse, sanar y recibir los frutos de su arrepentimiento que es radical y genuino.

La decisión de cuidarse a sí mismo es solo suya. No le robe a su corazón la comunión con Dios.

> Por tanto, el que cree que está firme, tenga cuidado, no sea que caiga.
>
> 1 CORINTIOS 10:12

> Por tanto, dad frutos dignos de arrepentimiento.
>
> MATEO 3:8

TABLA #7

DÍA A DÍA Y EL ARREPENTIMIENTO

RECONOZCO MI FALTA	ME ARREPIENTO DE...	RENUNCIO A...

ME LIBERO DE MI PECADO	SANO DE...	RECIBO LOS FRUTOS DEL PERDÓN

ME LIBERO DE MI ADICCIÓN	SANO DE MI ADICCIÓN	RECIBO LOS FRUTOS DEL PERDÓN

MI VIDA EN GLORIA

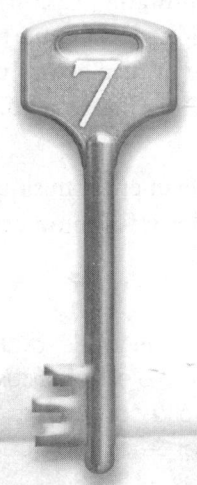

Pues Dios, que dijo que de
las tinieblas resplandecerá
la luz, es el que ha resplandecido
en nuestros corazones, para
iluminación del conocimiento
de la gloria de Dios en la faz
de Cristo.

2 CORINTIOS 4:6

MI VIDA EN GLORIA

La vida en gloria es la vida del cristiano delante del trono de Dios en la contemplación de su hermosura. A esta vida solo se llega si usted resucita juntamente con Cristo. Esto es posible cuando tiene la convicción de la muerte y la resurrección de Jesucristo y cuando tiene la revelación* de que esa vida es para usted por la gracia* de Dios Padre mediante la revelación* del Espíritu Santo.

La gloria que va a experimentar ni siquiera es comparable con la gloria que presenció el rey Salomón cuando dedicó el templo al Señor:

> Y cuando Salomón terminó de orar, descendió fuego desde el cielo y consumió el holocausto y los sacrificios, y la gloria del Señor llenó la casa. Los sacerdotes no podían entrar en la casa del Señor, porque la gloria del Señor llenaba la casa del Señor.
>
> 2 CRÓNICAS 7:1-2

Debido a que usted es templo vivo del Espíritu Santo, ya Dios ha declarado que:

> «La gloria postrera de esta casa [usted] será mayor que la primera» —dice el Señor de los ejércitos— «y en este lugar [en usted] daré paz» —declara el Señor de los ejércitos".
>
> HAGEO 2:9, énfasis añadido

La misma gloria con la que Dios revistió a Jesús, nos la da el mismo Jesús como herencia. Ahora el Padre, el Hijo y los hijos redimidos por la sangre de Jesús somos uno.

LA RESURRECCIÓN

> Ustedes, en otro tiempo, estaban muertos espiritualmente a causa de sus pecados y por no haberse despojado de su naturaleza pecadora; *pero ahora Dios les ha dado vida juntamente con Cristo*, en quien nos ha perdonado todos los pecados. Dios anuló el documento de deuda que había contra nosotros y que nos obligaba; lo eliminó clavándolo en la cruz.
>
> COLOSENSES 2:13-14, DHH, énfasis añadido

Con este versículo en mente, es hora de que todo lo que haya sido un hábito de pecado en su vida, lo cual anotó en las diferentes tablas, quede anulado de una vez y para siempre. Ya no están en su mente. Todos sus pecados quedaron en la cruz de manera definitiva, porque Dios implantó su verdad en usted. Estos hábitos ya no tienen autoridad sobre usted, no le pertenecen. Toda deuda quedó saldada y todo pecado quedó clavado en la cruz de Cristo.

La cruz que se presenta en la página 173 le ayudará a no olvidar la representación de la entrega total de Jesús. Tenga siempre en cuenta que todo el decreto de pecado que reposaba sobre usted fue quitado de en medio, pues Dios le dio vida juntamente con Él por medio de su Hijo amado, Jesucristo. Por esto, lo motivamos a participar del sacrificio* de la cruz juntamente con Cristo, y con fe en lo que Él hizo por usted, escriba su nombre en el espacio indicado en la cruz, porque al hacerlo reconoce que también fue crucificado con Él.

La próxima vez que se le presente la tentación, recuerde que la sangre de Cristo lo limpió de todo pecado y por eso tiene autoridad sobre el pecado. ¡Usted dejó de ser esclavo de su pecado!

Con una actitud humilde y con un corazón agradecido delante de Dios por el regalo recibido en la cruz por su Hijo amado, Jesucristo, declare lo grande que ha sido para usted recibir el mejor de todos los regalos, el de la *gracia**.

¡Qué incomparable es el amor de Dios hacia sus hijos y en particular para usted! Hoy es un día para recordar. Hoy se produce un nuevo inicio en usted. ¿Puede contarle a alguien todo lo que ha recibido por gracia*? Entonces, háblele a alguien acerca del milagro de la *gracia** renovadora, la *gracia** restauradora, la *gracia**

libertadora. Hable del mayor regalo de amor que un Padre le haya brindado a un hijo. Escriba esta fecha en su diario y felicítese: ¡Ha superado la prueba!

Ahora tiene una nueva vida que mostrar y disfrutar a plenitud: La vida gloriosa de Cristo en usted. Así que, ¡glorifique siempre a Dios con su vida!

No olvidemos que Él ha venido a restaurar la imagen del Padre en nosotros y a restaurarnos para sus propósitos. Como portadores de la imagen de Dios, nos hicieron para gozar de su gloria y revelarla.

Nuestro Creador nos hizo para que viviéramos su gloria, pero el mundo y las circunstancias que rodean al hombre caído le roban a nuestro corazón la dirección de la vida y compiten por la preeminencia. Jesús es nuestro libertador y nos libera de nuestra gloria personal para que vivamos para la gloria de Dios, la cual vivimos por fe. La gloria se busca, se disfruta y se vive.

> Jesús le dijo [a Marta]: Yo soy la resurrección y la vida; el que cree en mí, aunque muera, vivirá.
>
> JUAN 11:25

MI VIDA EN CRISTO

Su nombre aquí

«*Porque habéis muerto, y vuestra vida está escondida con Cristo en Dios*».
(Colosenses 3:3)

«*Considerad los miembros de vuestro cuerpo terrenal como muertos a la [...] idolatría.*"
(Colosenses 3:5)

«*Con Cristo he sido crucificado, y ya no soy yo el que vive, sino que Cristo vive en mí; y la vida que ahora vivo en la carne, la vivo por fe en el Hijo de Dios, el cual me amó y se entregó a sí mismo por mí*».
(Gálatas 2:20)

El bautismo para el cristiano

Ahora, lea con detenimiento este pasaje bíblico:

> ¿O no sabéis que todos los que hemos sido bautizados en Cristo Jesús, hemos sido bautizados en su muerte? Por tanto, hemos sido sepultados con Él por medio del bautismo para muerte, a fin de que como Cristo resucitó de entre los muertos por la gloria del Padre, así también nosotros andemos en novedad de vida. Porque si hemos sido unidos a Él en la semejanza de su muerte, ciertamente lo seremos también en la semejanza de su resurrección, sabiendo esto, que nuestro viejo hombre fue crucificado con Él, para que nuestro cuerpo de pecado fuera destruido, a fin de que ya no seamos esclavos del pecado; porque el que ha muerto, ha sido libertado del pecado. Y si hemos muerto con Cristo, creemos que también viviremos con Él, sabiendo que Cristo, habiendo resucitado de entre los muertos, no volverá a morir; ya la muerte no tiene dominio sobre Él. Porque por cuanto Él murió, murió al pecado de una vez para siempre; pero en cuanto vive, vive para Dios. Así también vosotros, consideraos muertos para el pecado, pero vivos para Dios en Cristo Jesús.
>
> ROMANOS 6:3-11

Sí ya usted fue bautizado y sepultado con Cristo para muerte, por la gloria del Padre, debe andar también en novedad de vida. Su viejo hombre fue crucificado con Cristo y su cuerpo de pecado fue destruido por completo. Usted dejó de ser esclavo de su pecado, pues recibió la libertad. Así como Cristo vive para Dios, declárese usted también muerto definitivamente al pecado, pero vivo para Dios en Cristo Jesús. Si no se ha bautizado, le invitamos a que lo haga. Ahora pase a leer lo que significa el bautismo para el cristiano.

En el Calvario, Cristo pagó por sus pecados y los llevó a la cruz. Por lo tanto, su viejo hombre ha muerto con Él.

El simbolismo del bautismo es que el creyente se identifica con la muerte y resurrección de Cristo como señal de arrepentimiento y del perdón de pecados que ha recibido.

Y Pedro les dijo: Arrepentíos y sed bautizados cada uno de vosotros en el nombre de Jesucristo para perdón de vuestros pecados, y recibiréis el don del Espíritu Santo.

HECHOS 2:38

Entonces, como se ha unido a Cristo en su muerte y sepultura, también resucita con Él:

Habiendo sido sepultados con Él en el bautismo, en el cual también habéis resucitado con Él por la fe en la acción del poder de Dios, que le resucitó de entre los muertos.

COLOSENSES 2:12

El bautismo en agua por «inmersión» ilustra el cambio que ocurre en la vida espiritual al pasar del pecado a la gracia*. Es decir, de la muerte a la vida en Cristo. Todo el que selle con el bautismo de agua su profesión de fe, va a entrar en el agua y después de sumergido, saldrá del agua y entrará así en una nueva vida en su espíritu.

La entrada al agua simboliza la muerte en Cristo y la inmersión es ir a una sepultura:

¿O no sabéis que todos los que hemos sido bautizados en Cristo Jesús, hemos sido bautizados en su muerte? Por tanto, hemos sido sepultados con Él por medio del bautismo para muerte, a fin de que como Cristo resucitó de entre los muertos por la gloria del Padre, así también nosotros andemos en novedad de vida.

ROMANOS 6:3-4

Considere el bautismo del cristiano como lo que es en realidad: Un entierro simbólico. Allí termina el viejo orden de vida y comienza uno nuevo que es en Cristo. Es evidente que el simbolismo cuando se emerge del agua, es el de la resurrección a una nueva vida:

Porque si hemos sido unidos a Él en la semejanza de su muerte, ciertamente lo seremos también en la semejanza de su resurrección.

ROMANOS 6:5

Para finalizar vamos a orar con la Palabra para que el Espíritu Santo le dé la revelación* de la NUEVA VIDA, la que Cristo le vino a dar, la VIDA GLORIOSA de los hijos de Dios.

Ahora, si he muerto juntamente con Cristo, estoy seguro que voy a vivir con Él, y esto es porque sé que Cristo, el Ungido, el que fue levantado de entre los muertos, no va a volver a morir porque la muerte ya no tiene ningún poder sobre Él. Debido a que la muerte que tuvo, Él murió al pecado, terminando su relación con el pecado cuando Él se hizo pecado por nosotros. Y esto fue una vez y para siempre. Así que, la vida que Él vive ahora, al estar viviendo para Dios en una constante comunión con el Padre celestial, es la vida que vivo yo. Por eso, «yo mismo» me considero muerto al pecado y mi relación con el pecado está definitivamente rota, pero me considero vivo para Dios mediante la vida de una comunión plena con Él que es en Cristo Jesús».

ROMANOS 6:8-11, (paráfrasis de los autores)

Mi vida gloriosa en Cristo resucitado

Una vez que morimos y resucitamos con Cristo, podemos disfrutar de la vida gloriosa que el Padre nos da. ¿Cómo podemos mantener esta vida gloriosa en Cristo resucitado?

Como hijos de Dios, tenemos derecho a todas las promesas contenidas en las Escrituras. Es decir, estas nos pertenecen. Por lo tanto, debemos permanecer firmes y no permitir que el diablo nos vaya a tratar de robar todas las promesas que ya recibimos, pùes siempre procurará que regresemos cautivos al yugo de esclavitud en el que vivíamos como consecuencia del pecado.

Estas son las acciones en las que debe permanecer firme y las convicciones que debe albergar en su corazón para mantener la vida gloriosa de Cristo resucitado en usted.

CONFIESE EL AMOR INCONDICIONAL DE DIOS

El amor de Dios es para siempre y nos da la seguridad para enfrentar las adversidades y las necesidades del día a día.

> Para libertad fue que Cristo nos hizo libres; por tanto, permaneced firmes, y no os sometáis otra vez al yugo de esclavitud.
>
> GÁLATAS 5:1

Queremos hablarle acerca del amor incondicional de nuestro Padre en lo que se refiere a la vida en la gloria del Cristo resucitado que Él planeó para sus hijos. Su responsabilidad es tomar la decisión de vivirla día tras día.

> En todas las cosas soy más que vencedor por medio de aquel que me amó. Por lo cual estoy seguro de que ni la muerte, ni la vida, ni ángeles, ni principados, ni potestades, ni lo presente, ni lo por venir, ni lo alto, ni lo profundo, ni ninguna otra cosa creada me podrá separar del amor de Dios, que es en Cristo Jesús Señor nuestro.
>
> ROMANOS 8:37-39

DECLARE LAS ESCRITURAS CON CONVICCIÓN

Aprenda a declarar en voz audible las Escrituras. Cuando sienta temor, o crea que no podrá combatir los ataques que se le presentan, o cuando se le agote la paciencia esperando el cumplimiento de sus promesas, declare las promesas de Dios. Establezca la autoridad de Cristo sobre todas sus debilidades. Declare como propio lo que Dios le dijo a Josué:

> Este libro de la ley no se apartará de mi boca, sino que meditaré en él día y noche, y cuidaré de hacer todo lo que en él está escrito; porque entonces haré prosperar mi camino y tendré éxito.
>
> JOSUÉ 1:8 (paráfrasis de los autores)

Cuando declare la Palabra de Dios, si está seguro de su amor incondicional del Padre, hágalo con convicción y sin miedo. Usted

conoce quién es su Padre, quién le dio la libertad y sabe que no hay castigo ni juicio en su contra.

> Estoy seguro de que Dios, que comenzó a hacer su buena obra en ustedes, la irá llevando a buen fin hasta el día en que Jesucristo regrese.
>
> FILIPENSES 1:6, DHH

MANTÉNGASE FIRME, NO CAMBIE

A continuación le planteamos varias decisiones que debe tomar para mantenerse firme y alerta, y no se deje robar su recompensa de la VIDA EN GLORIA de los hijos de Dios que ya recibió a través de este proceso* evangelístico y restaurador de su alma.

> Solamente sé fuerte y muy valiente; cuídate de cumplir toda la ley que Moisés mi siervo te mandó; no te desvíes de ella ni a la derecha ni a la izquierda, para que tengas éxito dondequiera que vayas.
>
> JOSUÉ 1:7

Manténgase firme e inmutable. Esta es la capacidad de no cambiar, de que no le cambien, ni de revertir el proceso* de la libertad que ya le regaló Cristo: «Para libertad fue que Cristo nos hizo libres» (Gálatas 5:1).

Manténgase constante. Esto significa perseverar en sus resoluciones y en los propósitos para los que ya Cristo le dio la libertad: «Tú, sin embargo, persiste en las cosas que has aprendido y de las cuales te convenciste» (2 Timoteo 3:14). «Velad y orad para que no entréis en tentación; el espíritu está dispuesto, pero la carne* es débil» (Marcos 14:38).

Manténgase valiente. Esta es la acción de combate que debemos tener presente siempre para enfrentar, en primer lugar, las pasiones y los deseos de la carne*. En segundo lugar, para oponernos a los ataques del enemigo. En tercer lugar, para estar alerta ante todas sus acechanzas, pues tratará de robarnos el terreno que ya Cristo nos ha dado, usted debe ser el primer defensor de todos los derechos que ya adquirió, pues la gran prueba ya se superó: «Sed de espíritu sobrio, estad alerta. Vuestro adversario, el diablo, anda al acecho como león rugiente, buscando a quien devorar. Pero resistidle firmes en la fe, sabiendo que las mismas experiencias de sufrimiento* se van cumpliendo en vuestros hermanos en todo el mundo. Y después de que hayáis sufrido un poco de tiempo, el Dios de toda gracia*, que os llamó a su gloria eterna en Cristo, Él mismo os perfeccionará, afirmará, fortalecerá y establecerá. A Él sea el dominio por los siglos de los siglos. Amén» (1 Pedro 5:8 -11).

Manténgase paciente. Esta es la facultad de saber esperar con esperanza. Para Dios, todo tiene un tiempo. El tiempo de Él no es el nuestro. Así que no se desanime durante el proceso* de espera. Él le sostiene con la diestra de su justicia*: «Por tanto, no desechéis vuestra confianza, la cual tiene gran recompensa. Porque tenéis necesidad de paciencia, para que cuando hayáis hecho la voluntad de Dios, obtengáis la promesa» (Hebreos 10:35-36).

Manténgase humilde. Esta es la capacidad que Dios nos da para afrontar la vanidad y poder demostrar la sumisión y la verdadera humildad* del corazón para los momentos que enfrentemos las difíciles y diferentes pruebas a lo largo de la vida: «El orgullo del hombre lo humillará, pero el de espíritu humilde obtendrá honores» (Proverbios 29:23).

Manténgase dispuesto a perdonar. La disposición para perdonar es rendir la voluntad del yo, es modelar la gracia*, es librarse a sí mismo y a toda persona de las ofensas que nos hacen. Es la capacidad que hemos adquirido por medio de Jesucristo de dar de gracia* lo que por gracia* hemos recibido, el perdón:

«Entonces se le acercó Pedro, y le dijo: Señor, ¿cuántas veces pecará mi hermano contra mí que yo haya de perdonarlo? ¿Hasta siete veces? Jesús le dijo: No te digo hasta siete veces, sino hasta setenta veces siete» (Mateo 18:21-22).

El Padre celestial quiere que usted disfrute a plenitud todo lo que ya ha recibido por su Hijo. Quiere que acepte de una vez y para siempre el mejor de todos los regalos que jamás esperó en su vida,

que disfrute la salvación* del alma que es su verdadera conversión y que sea libre.

CREA EN LA BONDAD DEL SEÑOR PARA SU FUTURO

Esta es una prueba de fe y de creer en el Señor. Dios entrega su amorosa bondad a todos los que nos refugiamos en Él. La amorosa bondad del Señor permanece por los siglos de los siglos y no tiene límites:

> El Señor hace justicia*, y juicios a favor de todos los oprimidos.
>
> SALMO 103:6

> ¡Cuán grande es tu bondad, que has guardado para los que te temen, que has obrado para los que en ti se refugian delante de los hijos de los hombres!
>
> SALMO 31:19

> Tú has coronado el año con tus bienes, y tus huellas destilan grosura.
>
> SALMO 65:11

> Cuando se manifestó la bondad de Dios nuestro Salvador y su amor por la humanidad, Él nos salvo.
>
> TITO 3:4-5

CAMINE CADA DÍA EN INTEGRIDAD

La Palabra es muy clara cuando nos dice cómo debemos vivir bajo los principios de integridad, y cuál será la herencia para los que se sujetan a estos principios dados por Dios.

> Sol y escudo es el Señor Dios; gracia* y gloria da el Señor; nada bueno niega a los que andan en integridad.
>
> SALMO 84:11

> El Señor conoce los días de los íntegros, y su herencia será perpetua. No serán avergonzados en el tiempo malo, y en días de hambre se saciarán.
>
> SALMO 37:18-19

El que anda en integridad anda seguro, mas el que pervierte sus caminos será descubierto.

PROVERBIOS 10:9

Él reserva la prosperidad para los rectos, es escudo para los que andan en integridad.

PROVERBIOS 2:7

No mintáis los unos a los otros, puesto que habéis desechado al viejo hombre con sus malos hábitos.

COLOSENSES 3:9

ENTRÉGUELE CADA DÍA SUS CARGAS AL SEÑOR

El control es el primer generador de ansiedad. Por eso la Palabra nos exhorta a descansar bajo la poderosa mano de Dios cuando enfrentamos crisis:

Humillaos, pues, bajo la poderosa mano de Dios, para que Él [me] os exalte cuando fuere tiempo; echando toda vuestra [mi] ansiedad sobre Él, porque Él tiene cuidado de vosotros [mí].

1 PEDRO 5:6-7

Porque mi yugo es fácil y mi carga ligera.

MATEO 11:30

Venid a mí, todos los que estáis cansados y cargados, y yo os haré descansar. Tomad mi yugo sobre vosotros y aprended de mí, que soy manso y humilde de corazón, y HALLAREIS DESCANSO PARA VUESTRAS ALMAS.

MATEO 11:28-30

RECUERDE QUE LA JUSTICIA DEL HOMBRE SOLO ESTÁ EN CRISTO

La justicia* del hombre siempre será imperfecta, ligada a sus creencias y a la manera de ver la vida de forma muy individual y hasta emocional. Por lo tanto, cada uno es portador de su propia cuota

de justicia*. Por esto Jesús se hizo pecado por nosotros, a fin de que podamos recibir la justicia* de Dios por medio de Él.

> Al que no conoció pecado, le hizo pecado por nosotros, para que fuéramos hechos justicia* de Dios en Él.
>
> 2 CORINTIOS 5:21

> Todos nosotros somos como el inmundo, y como trapo de inmundicia todas nuestras obras justas; todos nos marchitamos como una hoja, y nuestras iniquidades, como el viento, nos arrastran.
>
> ISAÍAS 64:6

> Mas ahora, oh Señor, tú eres nuestro Padre, nosotros el barro, y tú nuestro alfarero; obra de tus manos somos todos nosotros!
>
> ISAÍAS 64:8

ORE CON FE

Usted debe ser como un vigilante de un faro. Por lo tanto, debe pararse y mantener su libertad en Cristo. Ore creyendo en la victoria frente a los ataques del enemigo. Así que haga realidad todo lo que hay depositado ya en su corazón.

Ore, adore y póstrese:

> Venid, adoremos y postrémonos; doblemos la rodilla ante el Señor nuestro Hacedor. Porque Él es nuestro Dios, y nosotros el pueblo de su prado y las ovejas de su mano.
>
> SALMO 95:6-7

> Pedid, y se os dará; buscad, y hallaréis; llamad, y se os abrirá. Porque todo aquel que pide, recibe; y el que busca, halla; y al que llama, se le abrirá.
>
> MATEO 7:7-8

> Y todo lo que pidáis en oración, creyendo, lo recibiréis.
>
> MATEO 21:22

> Orad sin cesar.
>
> 1 TESALONICENSES 5:17

Por consiguiente, quiero que en todo lugar los hombres oren levantando manos santas, sin ira ni discusiones.

1 TIMOTEO 2:8

¿Sufre alguno de vosotros? Que haga oración.

SANTIAGO 5:13

TOME LA DECISIÓN DE UN CAMBIO RADICAL EN SU VIDA

Tomar la decisión de realizar un cambio radical en la vida es algo que solo usted puede hacer. Pídale a Dios que ponga en su corazón esta necesidad única que determinará su destino. Esto es algo que no solo se piensa, sino algo que significa entregarle la vida al verdadero Padre. En realidad, no se puede razonar. Así que crea en el verdadero amor de Dios por sus hijos.

Cuán bienaventurado es el hombre que no anda en el consejo de los impíos, ni se detiene en el camino de los pecadores, ni se sienta en la silla de los escarnecedores, sino que en la ley del Señor está su deleite, y en su ley medita de día y de noche. Será como árbol firmemente plantado junto a corrientes de agua, que da su fruto a su tiempo, y su hoja no se marchita; y en todo lo que hace, prospera.

SALMO 1:1-3

DÉ DE GRACIA TODO LO QUE DE GRACIA LE HA DADO DIOS

En la Palabra siempre se nos exhorta a dar y al servicio. Este fue el modelo* de Jesús. Teniendo en cuenta este llamado como una orden dada y a la cual debemos sujetarnos, le invitamos a que pueda llevar la libertad del alma a otra persona e invitarla a vivir todo lo que ya usted disfruta, a fin de mantenerse activo en su proceso* de restauración*. Testifique sobre el regalo de la gracia* de Dios que ha sido derramada sobre su vida. Cuando Dios le presente a alguien afligido, en crisis y sin salida, invite a esa persona a realizar este proceso* con usted.

Recuerde que este proceso* de restauración* debe realizarse de dos en dos. No importa las veces que lo haga, siempre tendrá una nueva revelación*. Esto se debe a que la Palabra no es escasa ni cansa, y siempre da vida en abundancia. Además, Jesús respalda esta promesa y nos ratifica que estará en medio guiando el proceso* de su restauración*, ya que es el verdadero autor y protagonista y se mueve en el Espíritu y le hablará a su espíritu las palabras que cambiarán su vida. Tenga paciencia que solo es cuestión de tiempo. El Señor mismo lo llevará de la mano y le indicará a quién debe abrirle los ojos.

> De gracia* recibisteis, dad de gracia*.
>
> MATEO 10:8

> Otra vez os digo, que si dos de vosotros se pusieren de acuerdo en la tierra acerca de cualquiera cosa que pidieren, les será hecho por mi Padre que está en los cielos. Porque donde están dos o tres congregados en mi nombre, allí estoy yo en medio de ellos.
>
> MATEO 18:19-20

> Yo soy el Señor, en justicia* te he llamado, te sostendré por la mano y por ti velaré, y te pondré como pacto para el pueblo, como luz para las naciones, para que abras los ojos a los ciegos, para que saques de la cárcel a los presos, y de la prisión a los que moran en tinieblas.
>
> ISAÍAS 42:6-7

ALABE AL SEÑOR EN TODO TIEMPO

Alabemos siempre al Señor con gozo. Que la alabanza sea una de sus fortalezas en los días de angustia y de necesidad. Alabe siempre con acción de gracias, creyendo en su fidelidad. Habrá momentos que solo en la alabanza encontrará reposo y descanso. También alabe al Señor cuando desee presentarse ante Él y anhele un encuentro transformador y poderoso, pero no sabe cómo lograrlo.

> Cantad alabanzas al Señor, vosotros sus santos, y alabad su santo nombre.
>
> SALMO 30:4

> Así cantaré alabanzas a tu nombre para siempre, cumpliendo mis votos día tras día.
>
> SALMO 61:8

Como con médula y grosura está saciada mi alma; y con labios jubilosos te alaba mi boca. Cuando en mi lecho me acuerdo de ti, en ti medito durante las vigilias de la noche. Porque tú has sido mi socorro, y a la sombra de tus alas canto gozoso.

SALMO 63:5-7

MI TESTIMONIO DE VIDA EN CRISTO

Su testimonio es importante para su crecimiento, ya que con él edifica al cuerpo de Cristo y se glorifica a quien es digno de recibir la gloria, a Dios. Es la declaración del poder de la gracia* de Dios en su vida. Es el medio para publicar los cambios que Dios hace en su vida. Además, cumple con el mandato de pregonar sus obras. Usted está escribiendo y testificando con acción de gracias y dando de gracia* lo que por gracia* ha recibido.

Ofrezcan también sacrificios de acción de gracias y pregonen sus obras con cantos de júbilo.

SALMO 107:22

Entonces el SEÑOR me respondió, y dijo: Escribe la visión y grábala en tablas.

HABACUC 2:2

Le motivamos a elaborar su testimonio con las siguientes sugerencias:

- Lo primero que debe tener en cuenta es la convicción absoluta que lo debe hacer.
- Debe entender que con su testimonio edifica al cuerpo de Cristo y glorifica a Dios.
- Ore y pídale al Señor dirección y guía. Ponga su confianza en Él.
- Trate de ser claro y concreto en las situaciones que plantea y en las palabras que use. No se extienda más de lo debido (de dos a tres páginas).

- Si desea exponerlo en público, su duración deberá ser de un máximo de diez minutos.
- Conserve su mensaje directo, corto e interesante. Recuerde que Dios seguirá obrando en su vida.
- No use «clichés» religiosos. Enfóquese en los versículos que han impactado su vida y en el poder restaurador de Dios a través de su Hijo, Jesús.

PARTES IMPORTANTES A TENER EN CUENTA Y QUE INTEGRAN UN TESTIMONIO

Veamos ahora algunas cosas que debe tener presente a la hora de dar su testimonio.

Preséntese tal cual es y sea sincero.

- Inicie con su nombre completo, edad y estado civil.
- ¿Cómo era su relación con Dios antes del inicio?
- ¿Cómo se relacionaba con su familia? ¿Cómo eran sus juicios y sus críticas?
- Reconozca que ahora es un hijo de Dios y que está en un proceso* luchando con (mencione su gran debilidad).
- Reconozca cuál era su gran problema antes de iniciar este proceso*.
- Explique la peor de sus crisis o, si han sido muchas, por qué se han repetido, concrete. ¿Qué fue lo que lo hizo sentirse en un callejón sin salida?

Mis experiencias y cambios al realizar el proceso evangelizador y restaurador de 7 Semanas en pos de la gloria.

- Describa como inició el proceso* de cambios en su vida: Por decisión propia, por influencia o por el testimonio de otra persona que ya había declarado el poder salvador y restaurador de Dios.
- ¿Qué partes del proceso* han determinado los cambios en su vida?

- ¿Cómo ha sido su relación con Dios y con su familia antes del proceso* y durante este tiempo?
- Sea específico en cómo le ha ayudado este proceso* en su vida diaria y en sus relaciones.

Mi nuevo yo y mi nueva vida en gloria en Cristo Jesús.

- Especifique todos los tropiezos y los beneficios que ha recibido durante las siete semanas de este proceso.
- ¿Cómo ha cambiado su fe y su confianza en Dios?
- ¿Cómo se le ha manifestado el Poder sanador de Jesús?
- ¿Cómo es ahora su caminar, día a día, con su Padre celestial?
- ¿Qué cambios radicales ha hecho Dios en su vida y en su pasado?
- ¿Cómo es su presente?
- ¿Es en la Palabra de Dios dónde encuentra vida?
- ¿Es Jesús ahora su verdad y su camino al Padre?

Mi motivación y mi aliento después de terminar el proceso.

- Ahora, ¿cómo me veo a mí mismo? ¿Cómo me ven los demás?
- Sea sincero y declare cómo se ha manifestado en usted la nueva vida en gloria de los hijos de Dios: Declare que su motivación es glorificar a Dios con su testimonio de vida.
- Motive a otras personas a realizar este proceso*. Sea usted su mentor durante el desarrollo del mismo.
- Busque ahora el cuestionario de «Cómo llegué al proceso*» (página 117) y la tabla #1 «Cómo me veo yo» (página 134), y compárelos con su testimonio.

Cuando termine de realizarlo, preséntaselo a la persona que lo ha acompañado durante el proceso*, o a su mentor, y hágalo partícipe de todo lo que Dios está haciendo en su vida. Dele las gracias a su compañero por el apoyo que le ha brindado, por sus oraciones, por el tiempo que le ha dedicado, por dejarse usar por Dios para traerle a usted la libertad que disfruta, por haberlo escogido, por compartir la vida gloriosa de los hijos de Dios, y hacerlo a usted partícipe de la gloria de Dios.

Prepárese para el momento en que Dios le diga que debe presentar en público su testimonio. Recuerde siempre que su testimonio es el decreto de su nueva vida en Cristo Jesús y el objetivo del mismo es glorificar a Dios y edificar al cuerpo de Cristo.

MIS DECRETOS DE VIDA EN GLORIA

Una clave poderosa para disfrutar la vida en gloria de los hijos de Dios es, en primer lugar, tomar la decisión de considerarse un verdadero hijo de Dios, viendo al Padre con un verdadero corazón de niño.

- Es confesar las Escrituras a cada momento hasta que formen parte de su ser. Hacer declaraciones positivas, llenas de fe y de esperanza, basadas en la Palabra. Sellando de esta forma el pacto de cambio, día a día. No se angustie por el mañana, cada día tiene su afán.

- Decrete el poder eficaz de la oración, su fe, la intercesión, la alabanza, la vigilia, el ayuno. Constitúyase en su propio guardián.

- Rinda su corazón y sus emociones en medio de las circunstancias y aprenda a clamar al Señor por su intervención. No olvide vivir la humillación* ni de agregar la necesaria paciencia.

- Discierna los juicios de Dios como la manifestación de su misericordia, apártese a un lado y deje que Dios sea Dios. Solo así aprenderá a no mirarse siempre a sí mismo y salir de su «YO».

- Busque el rostro de Dios. No se centre en sí mismo en medio de las crisis y vea qué le dice y qué hace su Padre celestial por usted.

- Busque la sabiduría. No se atropelle a sí mismo, ni atropelle a las personas que ama. Las buenas intenciones no bastan.

Solo usted puede hacer ejecutar el proceso* de la vida en gloria de los hijos de Dios en su vida. Solo usted puede tomar sus propias decisiones: «Sabiduría ante todo; adquiere sabiduría; y sobre todas tus posesiones adquiere inteligencia» (Proverbios 4:7, RV-60).

• Su Padre celestial se complace cuando disfruta a plenitud del regalo de la gracia* que le ha comprado con la sangre de Jesucristo.

MI PACTO

¡Vivo el amor incondicional del Padre y su Palabra que es mi vida!

El Señor es mi pastor, nada me faltará. En lugares de verdes pastos me hace descansar; junto a aguas de reposo me conduce. Él restaura mi alma; me guía por senderos de justicia* por amor de su nombre.

SALMO 23:1-3

Ciertamente el bien y la misericordia me seguirán todos los días de mi vida; y en la casa del Señor moraré por largos días.

SALMO 23:6

Santifícalos en la verdad; tu palabra es verdad. Y conoceréis la verdad, y la verdad os hará libre.

JUAN 17:17; 8:32

¡No temo y declaro: En todas las cosas soy más que vencedor por medio de aquel que me amó!

Decid a los de corazón tímido: Esforzaos, no temáis. He aquí, vuestro Dios viene con venganza; la retribución vendrá de Dios mismo, mas El os salvará.

ISAÍAS 35:4

No temas [escriba su nombre aquí] porque desde el primer día en que te propusiste en tu corazón entender y humillarte delante de tu Dios, fueron oídas tus palabras, y a causa de tus palabras he venido.

DANIEL 10:12

Por tanto, nosotros todos [escriba su nombre aquí], mirando a cara descubierta como en un espejo la gloria del Señor, somos [soy] transformado de gloria en gloria en la misma imagen, como por el Espíritu del Señor».

2 CORINTIOS 3:18, RV-60

Porque estoy convencido de que ni la muerte, ni la vida, ni ángeles, ni principados, ni lo presente, ni lo por venir, ni los poderes, ni lo alto, ni lo profundo, ni ninguna otra cosa creada nos podrá separar del amor de Dios que es en Cristo Jesús Señor nuestro.

ROMANOS 8:38-39

Porque de tal manera amó Dios al mundo [a mí], que dio a su Hijo unigénito, para que todo aquel [yo] que cree en Él, no se [me] pierda, mas tenga vida eterna.

JUAN 3:16

Nosotros le amamos a Él [yo amo al Señor], porque Él nos [me] amó primero.

1 JUAN 4:19, RV-60

El que tiene mis mandamientos y los guarda, ese es el que me ama; y el que me ama será amado por mi Padre; y yo lo amaré y me manifestaré a él.

JUAN 14:21

¡Venzo el miedo y me mantengo firme!

Engrandeced al Señor conmigo, y exaltemos a una su nombre. Busqué al Señor, y Él me respondió, y me libró de todos mis temores.

SALMO 34:3-4

Dios es mi refugio y fortaleza, mi pronto auxilio en las tribulaciones. Por tanto, no temeré aunque la tierra sea removida, y aunque los montes se deslicen al fondo de los mares.

SALMO 46:1-2

Pídale al Señor que le dé la fortaleza y la paciencia necesarias para que no le venza el temor y que mantenga firme su confianza en el Señor. Dios puede liberarlo de sus temores y de todos sus problemas poco a poco o de una sola vez. Sin embargo, es necesario que se cumpla la voluntad de Dios si desea que Él le dé lo que le ha prometido.

¡No me desanimo, sigo adelante, pues Él completará su obra en mí!

No se desanime, pues el Señor está obrando en usted. Dios ha comenzado la buena obra y Él se encargará de completarla (véase Filipenses 1:6).

Cada día busque el fruto de la Palabra de Dios en su vida. No tiene por qué desanimarse ni tener vergüenza cuando pone toda su confianza y esperanza total en el Dios Todopoderoso.

El Salmo 34:5 nos dice: «Los que a Él miraron, fueron iluminados; y sus rostros jamás serán avergonzados».

¡No permito que se turbe mi corazón!

Debemos asegurar nuestro corazón en Él cuando algo nos condena:

En cualquier cosa en que nuestro corazón nos condene; porque Dios es mayor que nuestro corazón y sabe todas las cosas. Amados, si nuestro corazón no nos condena, confianza tenemos delante de Dios.

1 JUAN 3:20-21

No se turbe vuestro corazón; creed en Dios, creed también en mí. En la casa de mi Padre hay muchas moradas; si no fuera así, os lo hubiera dicho; porque voy a preparar un lugar para vosotros.

JUAN 14:1-2

¡Conservo la paz que se me ha dado!

Reconozca que solo por medio de Jesucristo podremos tener la absoluta paz con Dios, pues ya fuimos justificados ante nuestro verdadero Padre.

> Al de firme propósito guardarás en perfecta paz, porque en ti confía.
>
> ISAÍAS 26:3

> Y la semilla cuyo fruto es la justicia* se siembra en paz por aquellos que hacen la paz.
>
> SANTIAGO 3:18

> Y justificados, pues, por la fe, tenemos paz para con Dios por medio de nuestro Señor Jesucristo.
>
> ROMANOS 5:1

¡Pido en oración y no descanso!

> Orad sin cesar.
>
> 1 TESALONICENSES 5:17

> Por consiguiente, quiero que en todo lugar los hombres oren levantando manos santas, sin ira ni discusiones.
>
> 1 TIMOTEO 2:8

> ¿Está alguno entre vosotros afligido? Haga oración. ¿Alguno alegre? Cante alabanzas.
>
> Santiago 5:13-14

Pídale a Dios que le enseñe a orar, que su Palabra habite en su corazón y le puedo asegurar que le mostrará versículos que actuarán con el poder de Dios sobre su vida. Él le revelará la autoridad que tiene su oración cuando aprende a pensar y hablar con su Palabra. Usted va a comprender cuál es el lenguaje que Dios le pide que hable cuando entiende su identidad* y su relación con el Padre creador.

Mantenga siempre delante de usted la oración del rey David:

> Dios mío, en ti confío, no sea yo avergonzado, que no se regocijen sobre mí mis enemigos. Ciertamente ninguno de los que esperan en ti será avergonzado;

sean avergonzados los que sin causa se rebelan. SEÑOR, muéstrame tus caminos, y enséñame tus sendas.

SALMO 25:2-4

Esta oración debemos pronunciarla todos los días, mientras ponemos toda nuestra confianza en el Dios Todopoderoso.

Pedid, y se os dará; buscad, y hallaréis; llamad, y se os abrirá. Porque todo aquel que pide, recibe; y el que busca, halla; y al que llama, se le abrirá.

MATEO 7:7-8

Todo lo que pidieres en oración, creyendo, lo recibiréis.

MATEO 21:22

¡DECLARO UN NUEVO TIEMPO EN MI VIDA!

Como ya conoce su identidad* en Cristo, ahora profetice su destino como un verdadero hijo de Dios. Sea su propio profeta. Profetice sobre su vida, sobre la vida de su familia. En primer lugar, haga cambios en su propia vida. De lo contrario, estará perdido después de finalizar este proceso* evangelizador y restaurador que Dios ha usado para darle libertad o habrá perdido la extraordinaria oportunidad que le ofrece su Padre celestial.

Restaure la visión de sí mismo. Cada hijo de Dios tiene un excelente destino que Él espera que usted ejecute, así podrá darle la gloria a quien transformó su vida. Sí, sea eficiente con usted mismo primero. Usted existe para darle gloria a Dios. Es su decisión y su fe en su fuente de origen lo que hace que reciba el significado de su nueva vida.

Analice este ejemplo: Es como si naciera después de una cesárea (un nacimiento programado), pero ya usted es un adulto y necesita participar del proceso* de su renacimiento. Debe ser parte activa en este alumbramiento. Para eso, vigile y profetice sobre sí mismo.

Continúe con esta declaración:

La revelación* del compromiso de mi nueva vida en Cristo fue lo que tocó mí ser interior y llenó mi corazón. Dios mandó el inicio de mi proceso* de restauración* y de libertad en el tiempo perfecto que Él ya había programado. De manera que trajo en mí la necesidad de extender mi fe hacia delante. Esta fe es la que renuevo cada segundo, pues Jesús se ha convertido en mi alimento diario y en mi necesidad de vida: «Él es el [mi] verdadero camino, la [mi] verdad y la [mi] vida». He entendido el modelo* de su vida, pues Él ha sido y es también mi camino, mi verdad de vida, el que me alienta para que pueda esperar y disfrutar de un mejor mañana. Jesucristo es el fundamento de mi presente.

Le invito a que aprenda a descansar en su presencia y crea en la Palabra que declara para su vida, la de su familia, la del Cuerpo de Cristo, la de su nación, con ese don de fe que le ha dado su vida en Cristo (como un niño que no tiene espacio en su mente para dudar). Así que pregúntese: ¿Cuál es mi destino profético? Y empiece a creerle a Dios. Declare su profecía y ore sin cesar por eso. Disfrute la vida en gloria de los hijos de Dios. Usted mismo experimentará el verdadero gozo de la gloria de Dios en su vida: ¡VIVIR PARA LA GLORIA DE DIOS!

¡DOY DE GRACIA LO QUE POR LA GRACIA DE DIOS HE RECIBIDO!

Le invitamos a continuar la obra que ya su Padre celestial inició en usted y lo motivamos a manifestar su agradecimiento siempre. Bríndele a un amigo, compañero de trabajo, hermano en Cristo o la persona que el Espíritu Santo le indique, el mismo regalo que ha recibido por gracia*: La vida en gloria de los hijos de Dios. Invite a alguien y háblele del milagro de su salvación* y del toque personal de Dios en su vida.

Esta es la promesa de Dios para usted si decide escuchar su invitación a testificarle a alguien su experiencia de vida gloriosa:

Yo soy el Señor, en justicia* te he llamado; te sostendré por la mano y por ti velaré y te pondré como pacto para el pueblo, como luz para las naciones, para que abras los ojos a los ciegos, para que saques de la cárcel a los presos, y de la prisión a los que moran en tinieblas.

ISAÍAS 42:6-7

APÉNDICES
Y NOTAS

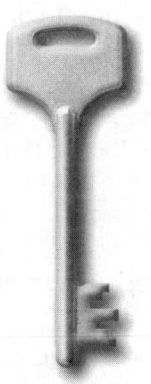

APÉNDICE A

Apoyo bíblico acerca de la gloria de Cristo

La gloria de Cristo se declara en el Nuevo Testamento.

I. En los Evangelios

1. Cuando se anuncia el nacimiento de Jesús:

> Concebirás en tu seno y darás a luz un hijo, y le pondrás por nombre Jesús. Este será grande y será llamado Hijo del Altísimo; y el Señor Dios le dará el trono de su padre David.
>
> LUCAS 1:31-32

2. Cuando se hace un prólogo a la encarnación del Verbo de Dios:

> Y el Verbo se hizo carne*, y habitó entre nosotros, y vimos su gloria, gloria como del unigénito del Padre, lleno de gracia* y de verdad.
>
> JUAN 1:14

3. En el inicio de los prodigios y señales que hizo Jesús:

> Este principio de sus señales hizo Jesús en Caná de Galilea, y manifestó su gloria, y sus discípulos creyeron en Él.
>
> JUAN 2:11

4. Cuando Jesús hace énfasis en que del Padre proviene todo el honor que le corresponde:

> Si yo mismo me glorifico, mi gloria no es nada; es mi Padre el que me glorifica.
>
> JUAN 8:54

5. En la oración intercesora de Jesús:

> Y ahora, glorifícame tú, Padre, junto a ti, con la gloria que tenía contigo antes que el mundo existiera [...] La gloria que me diste les he dado, para que sean uno, así como nosotros somos uno [...] Padre, quiero que los que me has dado, estén también conmigo donde yo estoy, para que vean mi gloria, la gloria que me has dado; porque me has amado desde antes de la fundación del mundo.
>
> JUAN 17:5, 22, 24

6. Cuando Jesús les hace promesas a sus seguidores:

> Y Jesús les dijo: En verdad os digo que vosotros que me habéis seguido, en la regeneración, cuando el Hijo del Hombre se siente en el trono de su gloria, os sentaréis también sobre doce tronos para juzgar a las doce tribus de Israel.
>
> MATEO 19:28

7. Cuando Jesús increpa a los discípulos incrédulos y escépticos sobre lo que anunciaron los profetas, aún sin reconocerlo, después de haber resucitado:

> ¿No era necesario que el Cristo padeciera todas estas cosas y entrara en su gloria?
>
> LUCAS 24:26

II. EN LAS EPÍSTOLAS SE DECLARA Y RESALTA LA GLORIA DE CRISTO

1. El hombre no entendió quién era aquel al que crucificaban:

> La sabiduría oculta que, desde antes de los siglos, Dios predestinó para nuestra gloria; la sabiduría que ninguno de los gobernantes de este siglo ha entendido, porque si la hubieran entendido no habrían crucificado al Señor de gloria.
>
> 1 CORINTIOS 2:7-8

2. La gloria se presenta como algo inherente a Cristo:

> En cuanto a nuestros hermanos, son mensajeros de las iglesias y gloria de Cristo.
>
> 2 CORINTIOS 8:23

3. Como un himno de alabanza que ratifica la gloria de Cristo y donde se enfatiza en el regalo inmerecido de la gracia* de Dios para el hombre:

> Para alabanza de la gloria de su gracia* que gratuitamente ha impartido sobre nosotros en el Amado [...] a fin de que nosotros, que fuimos los primeros en esperar en Cristo, seamos para alabanza de su gloria [...] que nos es dado como garantía de nuestra herencia, con miras a la redención* de la posesión adquirida de Dios, para alabanza de su gloria.
>
> EFESIOS 1:6, 12, 14

4. Como manifestación indiscutible de que la gloria es la esencia de Cristo, la base de nuestra fe y la base de nuestra esperanza, sin que quede duda alguna de su grandeza:

> A quienes Dios quiso dar a conocer cuáles son las riquezas de la gloria de este misterio entre los gentiles, que es Cristo en vosotros, la esperanza de la gloria.
>
> COLOSENSES 1:27

Que por medio de Él sois creyentes en Dios, que le
resucitó de entre los muertos y le dio gloria, de manera
que vuestra fe y esperanza sean en Dios.

1 PEDRO 1:21

Aguardando la esperanza bienaventurada y la
manifestación de la gloria de nuestro gran Dios y Salvador
Cristo Jesús.

TITO 2:13

Pues cuando Él recibió honor y gloria de Dios Padre, la
majestuosa Gloria le hizo esta declaración: Este es mi Hijo
amado en quien me he complacido.

2 PEDRO 1:17

5. Como manifestación de su condición divina:

Y de nuevo, cuando trae al Primogénito [Jesucristo] al
mundo, dice: Y ADÓRENLE TODOS LOS ÁNGELES DE DIOS.

HEBREOS 1:6

Pero del Hijo dice [Dios]: TU TRONO, OH DIOS, ES POR LOS SIGLOS DE
LOS SIGLOS, Y CETRO DE EQUIDAD ES EL CETRO DE TU REINO.

HEBREOS 1:8

III. EN APOCALIPSIS: LA GLORIA DE CRISTO SE REVELA Y SE RESALTA DE MANERA MUY ESPECIAL EN ESTE LIBRO

1. El apóstol Juan nos da la visión que tuvo en la isla de Patmos donde Cristo manifiesta su gloria y poder:

Y me volví para ver de quién era la voz que hablaba
conmigo. Y al volverme, vi siete candeleros de oro; y en
medio de los candeleros, vi a uno semejante al Hijo del
Hombre, vestido con una túnica que le llegaba hasta
los pies y ceñido por el pecho con un cinto de oro. Su
cabeza y sus cabellos eran blancos como blanca lana,
como nieve; sus ojos eran como llama de fuego; sus pies
semejantes al bronce bruñido cuando se le ha hecho
refulgir en el horno, y su voz como el ruido de muchas

aguas. En su mano derecha tenía siete estrellas, y de su boca salía una aguda espada de dos filos; su rostro era como el sol cuando brilla con toda su fuerza. Cuando lo vi, caí como muerto a sus pies. Y Él puso su mano derecha sobre mí, diciendo: No temas, yo soy el primero y el último, y el que vive, y estuve muerto; y he aquí, estoy vivo por los siglos de los siglos, y tengo las llaves de la muerte y del Hades.

APOCALIPSIS 1:12-18

2. Se nos presenta la gloria y majestad de Cristo en el cielo, una vez restaurado a su posición de siempre, a la derecha del Padre, después de vencer en la cruz y en la resurrección. Allí recibe la adoración que solo Él merece en la plenitud de su gloria:

El León de la tribu de Judá, la Raíz de David, ha vencido para abrir el libro y sus siete sellos.

APOCALIPSIS 5:5

3. Y Juan dice que ese Cordero inmolado está allí, de pie, resucitado y vivo para siempre:

Miré, y vi entre el trono (con los cuatro seres vivientes) y los ancianos, a un Cordero, de pie, como inmolado, Cuando tomó el libro, los cuatro seres vivientes y los veinticuatro ancianos se postraron delante del Cordero; cada uno tenía un arpa y copas de oro llenas de incienso, que son las oraciones de los santos.

APOCALIPSIS 5:8

Y cantaban un cántico nuevo, diciendo: Digno eres de tomar el libro y de abrir sus sellos, porque tú fuiste inmolado, y con tu sangre compraste para Dios a gente de toda tribu, lengua, pueblo y nación.

APOCALIPSIS 5:9

Miríadas de miríadas, y millares de millares, que decían a gran voz: El Cordero que fue inmolado digno es de recibir el poder, las riquezas, la sabiduría, la fortaleza, el honor, la gloria y la alabanza. Y a toda cosa creada que

APÉNDICE A

está en el cielo, sobre la tierra, debajo de la tierra y en el mar, y a todas las cosas que en ellos hay, oí decir: Al que está sentado en el trono, y al Cordero, sea la alabanza, la honra, la gloria y el dominio por los siglos de los siglos. Y los cuatro seres vivientes decían: Amén. Y los ancianos se postraron y adoraron.

APOCALIPSIS 5:11-14

Su templo es el Señor, el Dios Todopoderoso, y el Cordero. La ciudad no tiene necesidad de sol ni de luna que la iluminen, porque la gloria de Dios la ilumina, y el Cordero es su lumbrera.

APOCALIPSIS 21:22-23

APÉNDICE B

GLOSARIO DE TÉRMINOS

El presente glosario brinda la oportunidad de conocer el significado de algunas palabras que consideramos importantes a la hora de comprender mejor el texto. Con tal fin, estas palabras aparecen marcadas con asteriscos a lo largo de todo el libro.

Agresividad activa. Actuación o reacción abiertamente violenta con el fin de causar daño.

Agresividad pasiva. Actitud de corazón o inhibición a actuar, de lo cual se espera un efecto negativo o perjudicial para otra persona o cosa.

Antonomasia. Término que designa un todo con el nombre de una de sus partes. Puede poner el nombre apelativo por el propio o viceversa.

Blasfemia. «Toda palabra o acto que irrespete la majestad de Dios, o que injurie sus obras. Esto incluye tomar el nombre de Dios en vano [...] Cuando unas personas atribuyeron a Satanás las obras del Espíritu Santo, el Señor Jesús advirtió que hacer eso constituye una *b.* que no tiene perdón (Mr. 3:22-30)»[1].

Caída. «Comúnmente se utiliza esta palabra en teología para señalar los acontecimientos relacionados con la pérdida de la inocencia por parte de nuestros primeros padres [Adán y Eva]»[2]. Se refiere al momento en que Adán pecó y murió su espíritu. Esto significó que perdiera su relación íntima con Dios y le expulsaran de su presencia a la condición de hombre como lo conocemos hoy.

Carne. «En el NT [...] se pone especial cuidado en diferenciar las alusiones al "cuerpo" (gr. *soma*) y a la *c.* (gr. *sarx*). Cuando se usa este último término la referencia más frecuente es a todo aquello que en el hombre, aun en el creyente, intenta operar en una esfera independiente de la confianza en Dios y opuesta a su voluntad»[3]. Pablo describe la carne como un poder personal con sentimiento y actividad propios, contrario al Espíritu de Dios, que actúa de forma arbitraria según sus propios instintos. Es errado reducir su significado solo a lujuria.

Estado de negación. Condición en que se encuentra quien recurre a esto como un mecanismo de defensa por el que se rechazan, negándolos, los aspectos de la realidad que se perciben como desagradables o dolorosos para esa persona.

Gracia. «Palabra que encierra varios significados relacionados con las ideas de favor, benevolencia, agradecimiento y beneficio»[4]. Por lo tanto, es un don o favor que se hace sin merecimiento particular, es una concesión sobrenatural y gratuita que Dios le concede al hombre para su redención.

Humanismo. Es una perspectiva ética, científica y filosófica que se comenzó a fraguar con los filósofos de la cultura greco-romana. Este movimiento expresa sólida confianza en el poder de los seres humanos para resolver sus propios problemas y conquistar fronteras inexploradas. Defiende el derecho al control de la natalidad, al aborto, al divorcio, a la libertad sexual entre adultos, si la consienten, y a la eutanasia.

Humillación, humildad. «La persona que [es humilde] se coloca a sí misma en una actitud de no exigir los merecimientos que le corresponden, o que renuncia a ellos por amor a otras personas, ejecuta el acto de humillarse»[5]. El humillarse constituye una virtud contrapuesta siempre en la Escritura al pecado de la soberbia y el orgullo.

Identidad. «Conjunto de rasgos propios de un individuo o de una colectividad que los caracterizan frente a los demás»[6].

Injusticia del hombre. Significa literalmente maldad, o sea, la condición de no actuar como es debido, bien sea en la relación con Dios, según lo establecido en sus mandamientos, o en la relación con los hombres, de acuerdo a lo que el hombre considera que es justo.

Justicia de Dios. «La acción adecuada y justa que distingue a Dios y la que Él exige de su pueblo»[7].

Justicia propia. La justicia del hombre opuesta a la justicia de Dios, que es un don de Dios que se recibe por la fe.

Justificación. «Acto de hacer a un hombre justo, aceptable ante Dios [...] La *j.* es, entonces, un don de Dios que se recibe por la fe [...] Esa persona que ha hecho uso de su fe, depositándola en la persona y el sacrificio del Señor Jesús, puede entonces disfrutar de *"paz con Dios por medio de nuestro Señor Jesucristo"* (Ro. 5:1)»[8].

Mecanismo de defensa. Conjunto de actividades psíquicas y de operaciones mentales que, ante cada situación, actúan en forma artificiosa, autónoma e inconsciente, excluyendo de la conciencia aquellos impulsos, que si se reconocieran, crearían angustia y sentido de culpa. No todos son anormales, dependen del grado y el tiempo en que se usen, pero distorsionan la realidad.

Modelo. «Arquetipo o punto de referencia para imitarlo o reproducirlo»[9].

Primogénito. «En la sociedad israelita, el primogénito [o sea, el primer hijo] de una familia era considerado de una manera especial, confiriéndosele ciertos privilegios en la vida social, especialmente en materia hereditaria [...] En términos religiosos [o bíblicos], el primogénito pertenecía a Dios»[10].

Proceso. «Conjunto de las fases sucesivas de un fenómeno natural o de una operación artificial»[11].

Quebrantamiento. Situaciones de pérdida o riesgo de pérdida en esferas de salud, finanzas, relaciones, posición, reputación del individuo, que Dios usa para promover un cambio en nuestros corazones por los deseos y propósitos que Él tiene para sus hijos. Todo, con el fin de madurarnos en lo espiritual y formar en nosotros el carácter de Cristo.

Redención. «Redención es el acto de liberar o rescatar a una persona o una cosa de una situación gravosa a cambio del pago de un precio»[12]. Por antonomasia, se le llama redención al acto que Jesucristo hizo por el género humano mediante su pasión y muerte. Aunque Cristo pagó por toda la humanidad, solo los creyentes son los redimidos.

Restauración. Acción de reparar, renovar o volver a poner algo en el estado o estimación que tenía antes.

Revelación. «El término hebreo *gala* significa "quitar la cubierta", "descubrir", "quitar", "revelar" [...] "Ver la visión" [...] De manera que el sentido de la palabra se refiere al acto de hacer de conocimiento humano algo que estaba antes solo en el conocimiento de Dios y que el hombre no podía, de no ser por esta acción, obtenerlo por sí mismo»[13].

Sacrificio. «El término hebreo *zabah* se traduce como "sacrificar" en AT [...] Lo esencial en la mayoría de los *s.* era la entrega de la vida de un animal, lo cual se realizaba mediante el derramamiento de su sangre»[14].

Salvación del alma. «El paso de un estado de restricción o aflicción a uno de anchura y libertad [que] requiere de un acto de liberación [...] La *s.* se obtiene por la acción de Dios, que impulsa al hombre al arrepentimiento y le concede el don de la fe, para que crea en Jesucristo»[15].

Sanación. En este libro, se refiere al proceso de restitución de la salud emocional.

Sanidad. Condición de sano, bien sea en lo físico o en el alma.

Soberanía de Dios. Es la condición por la cual Él ejerce y posee la autoridad suprema y absoluta, pues es el Creador y Sustentador de todas las cosas.

Sufrimiento. Es el resultado de la caída que se manifiesta con «la gran distorsión en la historia humana, que comienza a padecer la muerte, la enfermedad, las dificultades, y, en términos generales, las consecuencias del pecado»[16].

NOTAS

1. Alfonso Lockward, editor general, *Nuevo Diccionario de la Biblia*, Editorial Unilit, Miami, FL, 1999, bajo la palabra «blasfemia», p. 172.
2. *Ibíd.*, bajo la palabra «caída», p. 182.
3. *Ibíd.*, bajo la palabra «carne», p. 203.
4. *Ibíd.*, bajo la palabra «gracia», p. 442.
5. *Ibíd.*, bajo la palabra «humildad», p. 442.
6. *Diccionario de la lengua española*, vigésima segunda edición, © Real Academia Española, 2003, © Espasa Calpe, S.A., 2003, edición electrónica, versión 1.0, bajo la palabra «identidad».
7. Pat y David Alexander, editores, *El nuevo manual bíblico ilustrado*, Editorial Unilit, Miami, FL, 2002, bajo la palabra «justicia», p. 798.
8. Alfonso Lockward, editor general, *Nuevo Diccionario de la Biblia*, Editorial Unilit, Miami, FL, 1999, bajo la palabra «justificación», p. 624.
9. *Diccionario de la lengua española*, vigésima segunda edición, © Real Academia Española, 2003, © Espasa Calpe, S.A., 2003, edición electrónica, versión 1.0, bajo la palabra «modelo».
10. Alfonso Lockward, editor general, *Nuevo Diccionario de la Biblia*, Editorial Unilit, Miami, FL, 1999, bajo la palabra «primogenitura», p. 847.
11. *Diccionario de la lengua española*, vigésima segunda edición, © Real Academia Española, 2003, © Espasa Calpe, S.A., 2003, edición electrónica, versión 1.0, bajo la palabra «proceso».
12. Alfonso Lockward, editor general, *Nuevo Diccionario de la Biblia*, Editorial Unilit, Miami, FL, 1999, bajo la palabra «redención», p. 873.

13. *Ibíd.*, bajo la palabra «revelación», p. 883.

14. *Ibíd.*, bajo las palabras «sacrificios y ofrendas», p. 908.

15. *Ibíd.*, bajo las palabras «salvación, salvador», pp. 923, 925.

16. *Ibíd.*, bajo la palabra «sufrimiento», p. 982.

AUTORES
Y MINISTERIOS

ACERCA DE LOS AUTORES

JOSÉ VÍCTOR DUGAND

Dirige Ekklesia Global, ministerio apostólico que abarca iglesias, ministerios y fundaciones en Norteamérica, Suramérica y Europa.

Comenzó su ministerio cono Director de Alabanza, lo que ha marcado de manera profunda su relación con Dios. Su carácter de adorador ha impregnado toda su trayectoria ministerial y se ha extendido y reproducido en personas e iglesias por todo el mundo.

En la actualidad, pastorea junto con su esposa, Jessica Dugand, la iglesia Ekklesia Global en Miami, una congregación hispana creciente con un fuerte espíritu de adoración.

Su pasión es formar discípulos con el carácter de Cristo a fin de que establezcan el Reino de Dios en cada esfera de la sociedad y puedan manifestar su gloria.

LARRY PACHECO

Es una muestra de cómo Dios va haciendo que se cumplan los designios que Él ha establecido en la vida de una persona. Cuando pensaba en su retiro después de un largo transitar de treinta años por la medicina, y que en poco tiempo estaría disfrutando de sus memorias en el ambiente relajado de ese retiro que irremediablemente venía pero que a su vez no deseaba, Dios le cambió el rumbo de su vida.

Larry nació en San José, Costa Rica, pero a la edad de preescolar lo llevaron a Venezuela donde, al parecer, tomó su perfil definitivo cuando alcanzó su título de médico y complementó sus estudios de psiquiatría en la Universidad de Londres. Ahora, como él mismo dice mirando de manera retrospectiva: «¿Quién podía pensar en este giro que Dios le iba a dar a mi vida?».

Hace poco más de una década recibió a Cristo en su corazón y allí se inició la transformación de su vida. Quiso Dios traerlo a Miami bajo la apariencia de una asignación en el área de «niños, adolescentes y familia» en la que siempre ejerció su profesión de psiquiatra, pero esto no llegó a hacerse realidad. Por circunstancias que ahora no resultan bien definidas, fue invitado a la congregación donde siempre ha estado y allí empezó el llamado de Dios para su vida.

Fueron muchas las cosas que tuvieron que cambiar. Su mente analítica y racional, para la que todo tenía que demostrarse y corroborarse a fin de que se aceptara, fue transformada por algo que solo Dios puede hacer, y así ese corazón dio espacio para recibir la revelación de Dios y dejarse guiar por el Espíritu Santo. Entonces, allí empezó todo cuando le asignaron al Ministerio de Restauración y le dedicaron a la consejería cristiana.

El abordaje de cada situación que en un inicio se hizo bajo los esquemas de la psicoterapia, fue dando lugar poco a poco a lo establecido en la Palabra, y a presentar a Cristo como un modelo a seguir. Este enfoque de guiar a la persona en su proceso de restauración, siguiendo el modelo de Cristo Jesús, fue profundizándose y estructurándose y ha dado lugar a lo que hoy se presenta como *7 Semanas en pos de la gloria*.

Larry Pacheco tiene dos hijos adultos y vive en Miami con su esposa, Elisa. Con el concurso de su *ayuda idónea* dirigen, como pastores, el ministerio «Vida Gloriosa», el Ministerio de Restauración de su congregación Ekklesia Global, en Miami. Con ella y con su pastor han desarrollado este libro que, a decir de él, es el sueño vivido de lo que nunca había imaginado.

El anhelo de este hombre de la ciencia hecho hombre de Dios por la gracia y la misericordia de Dios es liberar a la Iglesia de Cristo de la secularización y el psicologismo que de manera inadvertida la han penetrado y la han colonizado. El humanismo ha tratado de establecer sus pautas para que la iglesia descanse en sus estructuras y dogmas, a los que ha sido permeable. Habiendo conocido a fondo el enfoque del humanismo representado en la psicología, y después de recibir la revelación de Dios, siente que es imperioso volver a la revelación que solo se encuentra en el evangelio de gloria, en el evangelio de gracia de Cristo.

Ahora, entiende por qué Dios lo llevó al mundo y a la ciencia, y hace suyo el pensamiento de Pablo de que lo que para él era ganancia lo estima como pérdida por amor a Cristo.

ELISA PACHECO

Es una mujer muy dulce, con mucho gozo, sencilla, esposa y madre de dos hijos adultos, que ha creído en el Señor, porque ha sido transformada de ser una mujer que solo confiaba en sí misma a una mujer de fe que vive para que Dios la use.

El ser coautora del libro *7 Semanas en pos de la gloria* lo considera un acto de obediencia a lo que Dios ha demandado de ella, transcribiendo de su *Diario* al texto las innumerables preguntas a todo tipo de situaciones que ha enfrentado durante sus ocho años en atención de mujeres como consejera cristiana. Al igual que todos los versículos bíblicos que el Espíritu le ha revelado para poder llevar de una forma clara un mensaje de vida en el evangelio y la verdadera salvación del alma a través del único camino, Jesús.

Elisa ha vivido un proceso de quebrantamiento y de restauración a lo largo de su vida, de los cuales ha aprendido mucho. Junto con su esposo ha decidido obedecer a las demandas del Señor y proclamar la luz del evangelio de la gloria de Cristo, a través de la manifestación de la gloria de Dios en sus propias vidas.

Como educadora y pedagoga dedicó más de veinte años a la educación secular. Así que fue profesora y después directora de un reconocido centro de estudios profesionales en su ciudad natal, Maracaibo, Venezuela. Sin embargo, ahora está a tiempo completo con su esposo, el Dr. Larry Pacheco, dirigiendo como pastores el Ministerio de Restauración «Vida Gloriosa» en la congregación Ekklesia Global, en la ciudad de Miami, Florida. Aquí fue ordenada como Ministra del Evangelio en octubre de 2006. Ha participado como conferenciante en congresos orientados a mujeres en su congregación, donde también ha sido maestra en el Instituto Vida, centro de formación de líderes de esa casa. Asimismo, ha participado en programas de radio y televisión tanto en Venezuela como en Miami, donde enfoca sus respuestas siempre en los principios que Dios nos ha legado y en el papel importante de la mujer en el matrimonio como ayuda idónea del esposo.

ACERCA DEL MINISTERIO EKKLESIA GLOBAL

EKKLESIA GLOBAL

Es una iglesia local que forma parte de una familia con iglesias hermanas en diferentes países de Norteamérica y Suramérica. Está incorporada como una organización religiosa sin fines de lucro y se dedica a alcanzar la comunidad hispana en la ciudad de Miami, Florida. Dirige sus esfuerzos y recursos hacia la restauración del individuo y la familia, a través del poder trasformador del evangelio de Jesucristo. Toda la actividad de Ekklesia Global, así como su fundamento doctrinal, está centrada en la Santa Biblia y en la revelación que esta ofrece del amor del Padre celestial, la vida de Jesucristo y el poder del Espíritu Santo.

La visión de Ekklesia Global es ayudar a las personas de la ciudad a encontrar su identidad como hijos del Padre, restaurar en ellos la vida del reino de los cielos y edificarlos a fin de que puedan ejercer un sacerdocio eficaz.

Ekklesia Global siente una gran responsabilidad en preparar a la iglesia para la Segunda Venida de Cristo, a través de un mensaje apostólico y profético de unidad que establece a Jesús como cabeza de la Iglesia.

NOS GUSTARÍA MUCHO SABER DE USTED

Desearíamos enterarnos de todo lo que ha sucedido en su vida durante las *7 Semanas en pos de la gloria*, y saber de todo lo que Dios ha hecho en usted en el desarrollo de este proceso. Conocer de usted es muy importante para nosotros. De igual manera, el hacer público su testimonio a través de la página indicada abajo o en su congregación va a ser de estímulo para quienes no han realizado aún el proceso y dará gloria a Dios.

- ¿Qué ha sido lo más impactante durante el tiempo dedicado a realizar este proceso evangelizador y restaurador?
- ¿Cree que se le ha brindado la oportunidad de cambiar su vida a través del modelo de la vida de Jesús?
- ¿Ha recibido la revelación de la manifestación de la vida en gloria de Cristo en su vida y ha decidido realizar los cambios trascendentales para lograrlo?
- ¿Se siente animado a dar de gracia la bendición que ha recibido de parte de Dios Padre también por gracia?

¡Le animamos a que se comunique con nosotros!

Puede hacerlo en la sección de contactos de:

www.ekklesiaglobal.org

www.VIDAGLORIOSA.org